Jürgen Nowacki
(Hrsg.)

Vom Aktionär zum TRADER

Die besten Strategien des VTAD-Awards 2011

Copyright 2012:
© Börsenmedien AG, Kulmbach

Gestaltung Cover: Johanna Wack, Börsenbuchverlag
Gestaltung, Satz und Herstellung: Martina Köhler, Börsenbuchverlag
Lektorat: Claus Rosenkranz
Druck: Freiburger Graphische Betriebe

ISBN 978-3-864700-11-8

Alle Rechte der Verbreitung, auch die des auszugsweisen Nachdrucks,
der fotomechanischen Wiedergabe und der Verwertung durch Datenbanken
oder ähnliche Einrichtungen vorbehalten.

Bibliografische Information der Deutschen Nationalbibliothek:
Die Deutsche Nationalbibliothek verzeichnet diese Publikation in der
Deutschen Nationalbibliografie; detaillierte bibliografische Daten
sind im Internet über <http://dnb.d-nb.de> abrufbar.

BÖRSEN MEDIEN
AKTIENGESELLSCHAFT

Postfach 1449 • 95305 Kulmbach
Tel: +49 9221 9051-0 • Fax: +49 9221 9051-4444
E-Mail: buecher@boersenmedien.de
www.boersenbuchverlag.de

INHALT

DIE IDEE ZUM BUCH	10

TEIL I VOM AKTIONÄR ZUM TRADER

EINLEITUNG: AKZEPTIERE KEINE VERLUSTE JÜRGEN NOWACKI	16
MARKTBREITE-INDIKATOREN: DER BLICK INS INNERE DES AKTIENMARKTES ALEXANDER SEDLACEK	38
1. Trends werden korrigiert	38
2. Die Klassiker der Marktbreite-Indikatoren	46
2.1 AD-Line	46
2.2 AD-Volume-Line	58
2.3 AD-Volume-Ratio	60
2.4 Arms Index – TRIN	63
2.5 High-Low Index	70
2.6 New Highs – New Lows	76
2.7 Percent Above Moving Average	86
2.8 McClellan-Oszillator	97
2.9 Bullish Percent Index (BPI)	104
3. Zusammenfassung	116

TEIL II VTAD-AWARD-GEWINNER 2011

EINLEITUNG: SYSTEMATISCH ZUM ERFOLG
JÜRGEN NOWACKI   120

MOVING AVERAGES (MA) IN NEUER DIMENSION
DR. MANFRED G. DÜRSCHNER   130

Zusammenfassung   130

1. Einführung   132

2. NMA – ein neuartiger MA   135
   2.1 Ursache und Quantifizierung der Zeitverzögerung   135
   2.2 Ansätze zur Reduzierung der Zeitverzögerung   138
   2.3 Abtasttheorem   140
   2.4 Moving Averages 3.0   141
   2.5 NMAX im Vergleich   144

3. NMA-Anwendungen   149
   3.1 Verbesserung des ADX   149
   3.2 Verbesserung des MACD   151
   3.3 Digitaler SRSI   155
   3.4 Modifizierte Bollinger-Bänder   161

4. MA als Tiefpassfilter –
   Technische Analyse mit neuem Ansatz   166

5. Ausblick   178

6. Anhang: Investox-Programmcodes   180

7. Literaturverzeichnis   184

STRUKTURBRÜCHE BEI KORRELATIONEN UND VOLATILITÄTEN
ZUR UNTERSTÜTZUNG VON QUANTITATIV GETRIEBENEN
ANLAGEENTSCHEIDUNGEN
DR. DANIEL ZIGGEL/VANESSA PETERS 190

Prolog 190

Einleitung: Die Motivation 192

1. Klassische Portfoliotheorie 195
1.1 Überblick Markowitz-Ansatz 195
1.2 Vorteile des Markowitz-Modells 197
1.3 Schwachstellen und Fallstricke 198
1.4 Abweichung realer Daten von der Normalverteilung 199
1.5 Parameterschätzung und -änderungen 201
1.6 Alternative Optimierungstechniken 206

2. Strukturbrüche 211
2.1 Überblick und Problemstellung 211
2.2 Einführung und Verwendung der Teststatistik 212
2.3 Erste Anwendungen 214
2.4 Handelsstrategien für einzelne Wertpapiere 223
2.5 Handelsstrategien für gesamte Portfolios 229
2.6 Weitere Anwendungsmöglichkeiten 234

3. Praktische Umsetzung der Strategien 235
3.1 Quantitative Modelle im Berateralltag 235
3.2 Quantitative Modelle im Anlegeralltag 241

4. Quantitative Modelle und die Schuldenkrise 244

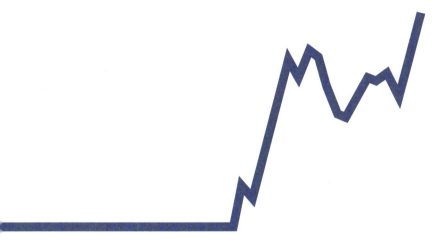

Epilog	250
Appendix	251
A.1 Formeln	251
A.2 Literaturverzeichnis	254
A.3 Internetquellen	258
NACHWORT	260
DIE VTAD E.V.	262
DER VTAD-AWARD	262
DAS VTAD-QUALITÄTSSIEGEL	263
DANKSAGUNG	265

Jürgen Nowacki

Jürgen Nowacki, Bankfachwirt (BA), war in der Zeit von 1986 bis 2008 für deutsche und US-amerikanische Broker im internationalen Wertpapiergeschäft tätig und amtiert seit 2006 als stellvertretender Vorstandsvorsitzender der VTAD, Vereinigung Technischer Analysten Deutschlands e.V. Alljährlich organisiert die VTAD unter seiner Leitung die beim Fachpublikum gefragten Frühjahrskonferenzen mit Szenarioprojektionen für das laufende Börsenjahr. Er ist Buchautor, Seminarveranstalter, Trader-Coach, Gutachter und Betreiber der Webseiten www.my-broker.de und www.cleantech-seiten.de. Hauptberuflich arbeitet er als unabhängiger Anlageberater der Fürst Fugger Privatbank Augsburg-München.

Die Idee zum Buch

DIE ENTWICKLUNG AN DER BÖRSE IST NICHT VORHERSEHBAR. UMSO MEHR MUSS DER PERSÖNLICHE ERFOLG GEPLANT UND ABGESICHERT WERDEN.

Die Börse ist wie das Meer, unberechenbar und tückisch. Trotzdem lernen wir Schwimmen und Segeln und arbeiten unermüdlich daran, Wetterprognosen zuverlässiger zu machen. Und so verhält es sich auch mit der Börse. Wir kombinieren erprobte Management-Entscheidungssysteme, wie sie in der Wirtschaft gang und gäbe sind, mit Tools der Technischen Analyse sowie Risiko- und Moneymanagement und übertragen sie auf das Trading.

In den Medien wird immer wieder gerne der Eindruck erweckt, dass es ein Leichtes wäre, an den Märkten durch Spekulation reich zu werden. Je schneller die Handelscomputer und Algorithmen und je ausgefeilter das Handelssystem, umso profitabler der Eigenhandel von Investmentbanken und professionellen Privatanlegern. Dieser Eindruck ist nur bedingt richtig. Handelssysteme sind vergänglich und je komplizierter sie aufgebaut sind, umso anfälliger werden sie für externe Einflüsse wie politisch motivierte Interventionen oder externe Schocks.

FEHLER VERMEIDEN SCHAFFT ÜBERRENDITE

Es müssen aber nicht immer hochkomplexe Algorithmen sein, um am Markt mit stabilen Ergebnissen zu bestehen. Vielmehr sollten Zeitaufwand und Ertrag in einem vernünftigen Verhältnis zueinander stehen, um eine Überrendite zu erwirtschaften. Einfache, aber stabile Systeme sind es, die ein Trader benötigt, um mit seiner Vermögensverwaltung auf der sicheren Seite zu sein.

Die Vermögensverwaltung in *Eigenregie* zu perfektionieren und Fehler zu vermeiden, ist das Ziel dieses Buches. Es wurde mit dem

DIE IDEE ZUM BUCH

Anspruch geschrieben, dass es Sie im Beratungsalltag oder als aktiver Trader begleiten soll. Bereits in der Einführung mit dem Titel „Akzeptiere keine Verluste" werden wir auf ein Thema eingehen, welches in vielen Börsenfachbüchern zu schnell übergangen wird – die Frage: Was ist Handelsdisziplin? Diese Frage ist elementar, weil ein Mangel an Disziplin immer wieder für Tradingverluste sorgt.

IHR FAHRPLAN FÜR DEN ERFOLG MIT MARKTBREITE-INDIKATOREN

Im Zentrum des *ersten Teils*, der sich speziell an Nicht-Akademiker richtet, steht die Arbeit von *Alexander Sedlacek*. Er berichtet aus seiner Praxis als Head of Strategy einer großen Vermögensverwaltungsgesellschaft, wie ein planvoller Einstieg in die Aktienmärkte über *Marktbreite-Indikatoren* organisiert werden sollte. Dabei erläutert Alexander Sedlacek, wie er die Grundlagenarbeiten von Gregory Morris („Market Breadth Indicators") sowie Colby Meyers und Thomas Dorsey in die Praxis umsetzt. Der Autor nimmt Sie an die Hand und führt Sie auf dem US-Aktienmarkt bis hin zum Investment durch das Labyrinth der Entscheidungsfindung. Es ist ein wichtiges Kapitel für alle Einsteiger und Fortgeschrittenen, die nach einem praktischen Leitfaden für die Entscheidungsfindung an den internationalen Aktienmärkten und nicht zuletzt für den deutschen Aktienmarkt suchen.

DIE BEITRÄGE ZUM VTAD-AWARD

Im zweiten Teil des Buches erhalten Sie Einblicke in die planvolle Entscheidungsfindung von Akademikern: dem Physiker Dr. Manfred G. Dürschner sowie dem Finanzmathematiker Dr. Daniel Ziggel und der Juristin Vanessa Peters, die mit ihrem pragmatischen Ansatz die VTAD-Juroren vom Praxisbezug ihrer Studie überzeugen konnten.

Dr. Dürschner hat mit seiner Arbeit ein Segment revolutioniert, das jeder Analyst, der sich mit Trendforschung befasst, aus der täglichen Praxis kennt: die gleitenden Durchschnitte. Seine Methodik und seine Erkenntnisse werden zunehmend von der Software-Industrie aufgegriffen, um sie Tradern und Börsianern zur Verfügung zu stellen. In diesem Buch erfahren Sie, welche Vorteile seine modifizierten gleitenden Durchschnitte in der Praxis haben.

Dr. Ziggel/Peters liefern einen gelungenen Lösungsansatz für das Problem, wie sich eine Vermögensverwaltung durch planvolle Asset Allocation gegen externe Schocks absichern lässt. Dieser Beitrag richtet sich nicht nur an Vermögensverwalter, sondern auch an Anlageberater, die sich einer zunehmenden Verpflichtung zur Risikoaufklärung ihrer Mandanten unterworfen sehen.

DIE FINANZKRISE UND DIE RAHMENBEDINGUNGEN

Börsen sind lediglich organisierte Handelsplattformen zur technischen Abwicklung von Geschäften. Sie bewegen sich innerhalb eines Rahmens, den die Wirtschaftspolitik vorgegeben hat. Darüber hinaus folgen die Märkte ausschließlich, und das ist auch ihre Aufgabe, dem Primat von Angebot und Nachfrage. Den Börsen und ihren Akteuren eine Mitverantwortung für die Finanzkrise anzulasten, ist naiv und verfehlt das Thema. Problematisch sind nicht die regulierten Handelsplattformen, sondern die außerbörslichen, unregulierten Märkte. Denn hier sind die Finanzmärkte mit ihrer hochkomplexen Systematik einem rasanten Entwicklungstempo und ständigen Wandlungen und Veränderungen unterworfen, die von Politikern, Notenbanken und Bankenaufsicht – das hat die Erfahrung gezeigt – nicht mehr oder nur noch im Nachhinein kontrolliert werden können. Die verantwortlichen Instanzen schaffen es offensichtlich nicht mehr, die Hebelwirkung von Finanztransaktionen und deren mögliche Auswirkungen auf die jeweilige Volkswirtschaft richtig einzuschätzen.

Die aktuelle Finanzkrise – der Zusammenbruch von Lehman Brothers am 15. September 2008 löste einen Dominoeffekt aus und verursachte eine Staatshaushalts-Krise ungekannten Ausmaßes – ist eine Folge fehlender beziehungsweise falscher Rahmenbedingen für die

Finanzindustrie. Die Missstände unzureichender Rahmenbedingungen, wie wir sie seit 1999 mit der Aufhebung des Glass-Steagall Acts durch US-Präsident Bill Clinton erleben, wurden bis heute immer noch nicht beseitigt. Fehlende beziehungsweise unzureichende Rahmenbedingen, die einer systemrelevanten Industrie falsche Anreize setzen, schaffen Raum für weitere Krisen und stellen eine Gefahr dar. Anfang der 1930er-Jahre waren politische Verwerfungen und eine Verarmung der Massen die Folge.

Vermögensverwalter und Anlageberater sind wie ihre Mandanten Opfer dieser Fehlentwicklung. Um ihren Auftrag einer anlage- und anlegergerechten Beratung nachkommen zu können, stehen sie täglich vor der Frage, ob ihre bisherige Handlungsstrategien und ihre Handelssysteme noch sicher genug sind, um den Krisen und den Marktverwerfungen auch zukünftig standhalten zu können.

DIE VTAD, NEUTRAL UND GEMEINNÜTZIG STRUKTURIERT

Die *VTAD*, die Vereinigung Technischer Analysten Deutschlands, und deren mehr als 1.000 Mitglieder arbeiten an Antworten auf diese Fragen. Die Besten von ihnen stellen sich alle zwei Jahre einem Wettbewerb, indem sie ihr Expertenwissen in Form von Systembeschreibungen einer Experten-Jury zur Begutachtung vorlegen. Die Beiträge von Dr. Dürschner und Dr. Ziggel/Peters, zwei von drei VTAD-Award-Preisträgern, die sich 2011 gegen großen Wettbewerb durchgesetzt und den VTAD-Award für praktikable und praxistaugliche neue Handelsstrategien gewonnen haben, finden Sie in diesem Band.

Ich bedanke mich bei allen VTAD-Mitgliedern, die an diesem Buch direkt und indirekt mitgearbeitet haben, und wünsche Ihnen viel Erfolg.

Jürgen Nowacki (Hrsg.)

TEIL I

Vom Aktionär zum Trader

WARUM DIE AKTIE FÄLLT, SOBALD MAN SIE GEKAUFT HAT, UND WIE SIE DAS RISIKO ZUKÜNFTIG REDUZIEREN KÖNNEN

Viele Anleger wundern sich, dass der Kurs nach unten geht, sobald sie eine Aktie gekauft haben. Eine Stop-Loss-Strategie erscheint in diesem Fall äußerst riskant, denn zum einen droht der realisierte Verlust, zum anderen besteht die Gefahr, dass ich bei der anschließenden Kurserholung nicht dabei bin. „Ausgestoppt" oder „Dumm gelaufen" lauten dann die Kommentare, und erneut wird probiert, aber diesmal ohne Stopp. Das erscheint oftmals der einzige logische

AKZEPTIERE KEINE VERLUSTE

Jürgen Nowacki

Ausweg aus diesem Dilemma zu sein. Außerdem lässt sich der Stopp auch im Nachhinein anpassen, sobald ich weiß, wohin die Reise geht, nicht wahr?

Kommt Ihnen das bekannt vor? Kennen Sie dieses Spiel? „Alle guten Ratschläge zum Thema Stop-Loss sind gut gemeint, aber irgendwie nicht richtig umsetzbar", mag sich unser Aktionär denken, gibt sein Vorhaben, Trader zu werden, auf und hält an seiner Verlustposition langfristig fest. „Warren Buffett weiß schließlich auch, wie der Hase läuft, und gilt als erfolgreicher Langfristinvestor."

In meiner 25-jährigen Karriere als Broker und heute als Trading-Coach habe ich viele Anleger getroffen, die an sich selbst zweifelten, weil sie dachten, dass der Markt ein böses Spiel mit ihnen treiben würde. Aber ich habe auch erfolgreiche Anleger erlebt, die gar nicht wussten, was sie richtig machen – es funktionierte aus dem Bauch heraus. Das für mich Erstaunliche war, dass der Erfolg nichts mit der akademischen Bildung oder einer besonderen Finesse im Umgang mit Computern zu tun hatte. Ich habe mich in all den Jahren gefragt: „Was haben diese Naturtalente, was andere nicht haben?"

Beim Studium der Fachliteratur ist mir aufgefallen, dass es viel Material über erfolgreiche Trader und ihre Vorgehensweisen gibt. Zwei bis drei Seiten scheinen in diesen Büchern jedoch immer zu fehlen. Der Leser wird aufgefordert, diszipliniert und mit System an die Märkte heranzugehen. Der entscheidende Hinweis, was es mit der Disziplin genau auf sich hat, wird aber oftmals nur unzureichend erläutert. Ich bin dann darauf gekommen, dass es wohl nur zwei Gründe dafür geben kann. Entweder wissen die Autoren es auch nicht besser oder sie verraten es nicht, weil es ihren Interessen zuwiderläuft.

TUN SIE NUR DAS, WAS IHREN UREIGENEN INTERESSEN NÜTZT

Der Mensch ist offensichtlich nicht für die Börse geboren. So denkt er vielleicht, dass ihm ein leicht erzielter Gewinn nicht zusteht, und macht sich das Leben unnötig schwer. Aber es gibt auch noch einen anderen Aspekt in puncto Psyche, der uns Tradern immer wieder einen Streich spielt. Der Mensch arbeitet oftmals nur so viel, wie er glaubt, arbeiten zu müssen. Familie und andere zeitintensive Unternehmungen erinnern uns ständig daran, dass wir noch weiteren gesellschaftlichen Verpflichtungen nachzukommen haben. Merken wir aber, dass es finanziell eng wird oder die Konkurrenz am Arbeitsplatz wächst und unsere Position bedroht, steigt die Motivation, immer mehr Zeit in den eigenen Job zu investieren – insbesondere wenn

Existenzängste im Spiel sind. Was im Berufsleben funktioniert (mehr investierte Zeit = mehr Sicherheit), kann sich an der Börse jedoch als kontraproduktiv erweisen.

An der Börse müssen Sie immer, und zwar von Anfang an, auf der Hut sein, egal wie gut es Ihnen finanziell mit Ihrer Tradingstrategie gerade geht. Die Märkte schlafen nicht und ehe Sie sich's versehen, haben Sie einen Teil Ihrer Gewinne oder – schlimmer noch – an Substanz verloren. Dann aber passiert etwas Unlogisches: Wer jetzt anfängt, hart zu arbeiten, schafft es meist nicht mehr, den ins Trudeln geratenen Flieger vor dem Absturz zu bewahren. Je stärker Ihr Ehrgeiz durchbricht, desto größer wird der finanzielle Schaden. Das aber hat einen logischen Grund, und der lautet: *Je größer die Angst, desto schlechter Ihre Anlageentscheidungen.*

LEISTUNGSSPORTLER ZEIGEN, WIE ES GEHT

Im Sport können Sie beinahe wöchentlich beobachten, wie diese Logik des Misslingens ihre Opfer fordert. Steht ein Fußballverein erst einmal in der Kritik, fallen die Ergebnisse immer schlechter aus, egal was die Spieler sich auch vornehmen. Wer von Anfang an einen guten Start hat, ob beim Tennis oder in der Formel 1, hat auch die besten Chancen, das Spiel als Gewinner zu beenden. Und Traden ist ebenso Leistungssport. Auch hier ist nicht blindes Powern gefragt, sondern planvolles Training und Spaß am Erfolg, gewürzt mit einem unerschütterlichen Selbstbewusstsein. Aber denken Sie bitte daran: Anders als im Sport gibt es an der Börse im eigentlichen Sinne keinen ersten, zweiten und dritten Platz. Sie selbst entscheiden, wann Sie an der Börse ein „Gewinner" sind. Mit anderen Worten: Sie bestimmen, wann Sie aus einer Aktienposition aussteigen und den Gewinn realisieren.

NUTZE DIE KRAFT DEINES INSTINKTS

Wissen Sie, warum es Kindern gelingt, in den ersten Lebensjahren ein gigantisches Lernpensum zu absolvieren? Sie lernen ein bis zwei

Fremdsprachen, lernen Laufen, überhaupt die ganze körperliche Motorik und in der Schule nebenbei noch in zig Fächern alles, was sie für die nächsten Jahrzehnte ihres Lebens brauchen. Sie schaffen es, weil sie motiviert sind und keine Angst haben, zu versagen. Sie schaffen es, weil sie sich den ganzen Tag lang mit nichts anderem beschäftigen als damit, spielerisch zu lernen. Dabei verlassen sie sich auf ihren Instinkt und sind den Kopffüßlern (Erwachsenen) enorm überlegen. Wenn sie aber in ein Alter kommen, in dem der Leistungsdruck einsetzt und Ängste in die kleinen Köpfe Einzug halten, ist der Spaß vorbei und dann wird es für alle Beteiligten richtig anstrengend. Denken Sie beim Traden daran: Hören Sie auf Ihre ureigenen Instinkte, hören Sie auf, wenn Sie Angst haben, und machen Sie eine Pause. Setzen Sie mit dem Handel aus, bis Sie wieder Spaß daran haben. Handeln Sie nicht, weil in Ihrem Businessplan steht, dass Sie es müssen, um die Kosten reinzuholen, sondern weil Ihr Bauch Ihnen sagt, dass Ihr Instinkt und Ihr Selbstvertrauen in Topform sind.

 MEIN TIPP:

Akzeptiere keine Verluste, niemals. Der erste Verlust könnte bereits der Beginn einer Abwärtsspirale sein. Vermeide alles, was Deinen Instinkt trüben könnte. Nimm diesen Grundsatz in die Geschäftsgrundsätze Deines Business-/Tradingplanes auf.

SCHÜTZE DICH VOR MANIPULATIONEN:
HAMMER SEIN, NICHT AMBOSS

Aber kommen wir zum Anfang zurück und zur Frage, wie sich Verluste vermeiden lassen. Natürlich reicht es nicht aus, nur auf seinen Bauch zu hören, denn der Instinkt wird täglich durch die Medien sowie Angst und Gier regelrecht vernebelt. Sie brauchen also eine Strategie, mit der Sie Ihren Instinkt vor negativen äußeren Einflüssen abschirmen können. Sie müssen sich Handelsregeln überlegen, die zu Ihnen passen. Sie brauchen einen Tradingplan oder zumindest eine Checkliste, die mit jeder Erfahrung, die Sie am Markt machen werden, anwächst und Ihnen dabei hilft, nur noch die risikoarmen Filetstücke herauszupicken. Überlassen Sie gewagte und unüberlegte Transaktionen den Spielern. Diese liefern mit ihrem planlosen Computerhandel das Futter, das Sie sich nur noch greifen müssen, getreu dem Motto: „Hammer sein, nicht Amboss". Entwickeln Sie sich zum Unternehmer mit klaren Vorstellungen und Handelsprinzipien, die Sie in einem *Business- und in einem Tradingplan* festhalten sollten.

Wir können Ihnen einige Anregungen geben, aber damit Sie auch verstehen, warum diese Regeln so wichtig sind, müssen wir tiefer in die Logik des Erfolgs einsteigen. Damit sich das Phänomen, dass die Kurse zu fallen beginnen, sobald Sie sich engagiert haben, zukünftig bei Ihnen nicht mehr wiederholen wird, werden wir Ihnen einige Tricks verraten. Wir werden Ihnen eine Strategie präsentieren, mit der Ihnen das nicht oder kaum noch passieren wird. Aber zuvor müssen wir darüber sprechen, welche Grundvoraussetzung der Trader mitbringen sollte. Keine Angst, es sind nicht allzu viele Regeln, aber die wichtigsten zu kennen, heißt, Fehler zu vermeiden und viel Geld zu sparen.

„Vom Aktionär zum Trader" lautet die Überschrift. Ich möchte Sie einladen, mich auf eine kleine Reise zu begleiten, in deren Verlauf Sie nur Ihren Standort beziehungsweise Ihre Selbstwahrnehmung und Ihre Perspektive ein wenig verändern müssen, um es zum Unternehmer, Investor oder Profi-Trader zu schaffen.

Stellen Sie sich vor, dass es Ihnen als Trader zukünftig egal ist, welche Aktie oder welche Währung Sie handeln, genauso wie Sie vielleicht ein Nutzfahrzeug nicht nach der Marke und als Statussymbol, sondern nach den Leistungsdaten aussuchen. Dann halten Sie Ausschau nach einem Wertpapier mit einem Nutzungsprofil, was genau zu Ihnen passt. Es interessiert nicht mehr, wie gut oder schlecht die Produkte der Aktiengesellschaft sind oder wie sich der Wettbewerb für das Unternehmen darstellt. Sie wollen nur, dass sich das Wertpapier in den nächsten Tagen, Wochen oder noch länger so verhält, wie es das Ihrer Analyse zufolge tun wird. Das Zielinvestment soll nicht stärker schwanken als bisher, die Dividende beibehalten und wenig Spielraum für Überraschungen bieten. Die Umsatzzahlen an der Börse sollten sich nicht entscheidend verändern und idealerweise hoch sein, damit niemand merkt, wann Sie kaufen oder verkaufen. In diesem Fall haben Sie ein Papier gefunden, welches sich innerhalb bestimmter Handelsspannen kaufen und verkaufen lässt. Genau wie beim Nutzfahrzeug Spritverbrauch, Zuladung, Servicekosten und Crashtestergebnisse geprüft werden, suchen Sie sich Aktien oder Devisenpaare, die ganz bestimmte Chance-Risiko-Parameter aufweisen. Dazu bedienen Sie sich unter anderem der Technischen Analyse, denn damit geht es am schnellsten. Aber es gibt auch andere Hilfsmittel, die Sie unbedingt kennen sollten. Das KGV, das PEG* und nicht zu vergessen die Volatilität, also die Schwankungsbreite Ihrer Wunschaktie, müssen Sie kennen. Vor dem Tradingbeginn sollten Sie eine Checkliste erstellen, die Sie jedes Mal abarbeiten, bevor Sie eine Aktie kaufen oder verkaufen.

HAMMER SEIN, NICHT AMBOSS, UNTERNEHMER SEIN, NICHT FUTTER IM HAIFISCHBECKEN

Kommen wir noch einmal zur Traderperspektive oder Traderpersönlichkeit zurück und zu der Frage, wie Sie sich selbst in diesem Markt sehen, Ihre Position, Ihre Erwartungen. Wenn der Markt ein Kasino wäre, dann wäre alles klar. Sie füttern die Bank, hätten einen oder mehrere schöne Abende in hoffentlich netter Begleitung und könnten anschließend darüber berichten, wie es in Monte Carlo oder Las Vegas so zugeht. Aber wenn Sie den Markt als eine Plattform für globale Finanzkonzerne und multinationale Unternehmen begreifen, *dann sollten Sie eine genaue Vorstellung davon haben, was Sie dort eigentlich wollen.*

Wenn Sie nicht vorhaben, Aktien zu kaufen, um sich an dem Unternehmen Ihrer Wahl zu beteiligen, beispielsweise um Einkaufs- oder andere Vorteile für sich oder Ihr Unternehmen herauszuschlagen, wie es strategische Investoren wie Warren Buffett zu tun pflegen, dann sollten Sie nur an zwei Dingen interessiert sein: *mit a) wenig Risiko eine b) möglichst hohe Risikoprämie einzustreichen.* Das ist vielleicht der wichtigste Satz in meinem Beitrag zu diesem Buch und der wichtigste Satz zur Überleitung zu den folgenden ausgefeilten Handelsstrategien. Dabei ist zu beachten, dass eine hohe Risikoprämie zu verdienen ist, wenn die allgemeine Verunsicherung an den Märkten hoch ist. Je vermeintlich sicherer die Märkte werden, desto kleiner wird die Risikoprämie. Die Risikoprämie, die Sie verdienen können, finden Sie als Volatilitätsaufschlag bei Optionen. Fangen Sie nicht an, Optionen wie Puts zu kaufen, wenn der VDAX-NEW bereits über 35 Prozent gestiegen ist. Sie bezahlen jetzt bereits eine zu hohe Risikoprämie und ab 35 bis 40 Prozent Aufschlag sollten Sie zu den Verkäufern gehören. Oder anders ausgedrückt: Wenn der Markt eine Bereinigung durchgemacht hat und kaum noch Verkäufer am Markt sind, ist das Risiko eines Crashs am geringsten, weil der Verkaufsdruck bereits abgebaut ist.

 **MEIN TIPP:**

Nehmen Sie deshalb folgenden Satz unter „Zweck des Unternehmens" in Ihren Geschäftsplan auf: *Mit wenig Kapitaleinsatz eine möglichst hohe Risikoprämie erzielen.*

COMMITMENTS OF TRADERS (COT) ZEIGEN, WAS WIRKLICH GESPIELT WIRD

Lassen Sie mich noch ein wenig bei der Perspektive des Traders verweilen. Der Trader übt an der Börse eine wichtige Funktion aus. Trader stellen dem Markt einzig und allein Liquidität zur Verfügung, aber das ist für den Markt, die Marktteilnehmer und auch die Volkswirtschaft sehr wichtig. Der Grund folgt sogleich.

Dazu sollten Sie wissen, dass sich an einer Börse – egal ob für Aktien, Devisen oder Rohstoffe – drei Interessengruppen gegenüberstehen. Das sind zum einen die Industrie (Commercials), dann große spekulative Fonds (large Speculators/Non-Commercials) und als dritte Gruppe kleine Spekulanten (Small Speculators/Non-Reportables). An den Terminbörsen in den USA werden Statistiken darüber geführt, welche Interessengruppen wie (long/short) in den verschiedenen Terminmärkten involviert sind. Diese Statistiken (Commitments of Traders oder COT-Reports) werden wöchentlich veröffentlicht. Wer diese Statistiken lesen und interpretieren kann, gewinnt wertvolle Hinweise darüber, was an den Märkten tatsächlich gespielt wird.

Dazu ein Beispiel: Minenbetreiber verkaufen ihre Gold- oder Silberproduktion auf Termin, was an der Börse naturgemäß zu Leerverkäufen seitens der Commercials führt. Minenbetreiber (Commercials) sind demnach Insider und können die Produktionsaktivitäten des globalen Wettbewerbs sehr gut einschätzen. Wenn diese Insider anfangen, ihre Short-Positionen abzubauen, führt das häufig zu einer Verknappung des Angebots und damit zu steigenden Preisen. Diesen Preisanstieg wiederum versuchen große und kleine Spekulanten für sich zu nutzen und vergrößern an der Terminbörse ihre Long-Positionen (Open Interest steigt). Unter dem Strich nehmen die Produzenten die Gegenposition zu den großen Spekulanten ein. Eine veränderte Markteinschätzung der Produzenten können Sie in den wöchentlichen Statistiken der U.S. Commodity Futures Trading Commission auf www.cftc.gov einsehen.

Um zu der Eingangsfrage zurückzukehren: Ihre Position dürfte bei den kleinen Spekulanten (Non-Reportables) einzuordnen sein. Wie Sie jedoch gleich noch sehen werden, spielt auch diese Funktion für den Gesamtmarkt eine wichtige Rolle im Marktgefüge.

AKZEPTIERE KEINE VERLUSTE

BANKEN REICHEN IHRE RISIKEN WEITER

Wenn es die Fonds mit ihren alternativen Investments sowie die kleinen Spekulanten nicht geben würde, hätte die Industrie ein Problem. Denn sie hätte höhere Kosten zu tragen, um ihre Risiken aus dem industriellen Tagesgeschäft abzusichern. Ein Unternehmen sollte sein Kapital dem Unternehmenszweck entsprechend investieren und Risiken soweit es geht absichern (KontraG**). Dazu gehören Devisenkurs-, aber auch Zins- und Rohstoffrisiken. Der Industriekunde sucht beispielsweise für einen Zeitraum von neun Monaten eine Dollarabsicherung, weil sein Kunde mit US-Dollar bezahlen will. Oder er muss eine Angebotskalkulation erstellen und braucht eine abgesicherte Kalkulationsgrundlage, in der Devisenkursschwankungen ausgeblendet werden müssen. Sie denken jetzt vielleicht, das würde doch die Hausbank alles erledigen. Das ist richtig, aber die Bank zählt ebenfalls zum Kreis der Unternehmen, die ihre Risiken an den Markt und damit an die Börse bringen. Die Bank ist lediglich Vermittler in diesem Spiel und versucht eine Risikoprämie zu verdienen, sucht aber auch nach Möglichkeiten, das Risiko auf andere Marktteilnehmer (Spekulanten) zu verlagern.

Kommen wir zurück zu unserem Unternehmen mit US-Dollar-Absicherungsbedarf. Gäbe es ein anderes Unternehmen, was zufällig die Gegenposition suchen würde, so könnten die beiden Industriekunden unter sich bleiben und würden ihre Verpflichtungen aus Lieferung und Leistung austauschen können. Solche Geschäfte nennen wir Swaps. Sobald die Kontrakte aber nicht zueinander passen, weil die Lieferzeiten und die Größenordnungen der Vertragsverpflichtungen nicht kongruent sind, müssen letztendlich große und kleine Spekulanten die Gegenposition für den Industriebedarf übernehmen. Dabei gilt: Je mehr spekulative Counterparts am Markt aktiv sind, umso stärker sinken die Kosten für solche Transaktionen. Der Grund: Die Geld-Brief-Spanne ist bei exotischen Waren mit wenigen Börsenakteuren größer als beispielsweise in gängigen Währungspaaren wie Euro versus US-Dollar, in denen täglich Billionen um den Erdball geschickt werden.

SIE SIND DER BOSS ODER HAIFISCHFUTTER – GANZ WIE SIE WOLLEN

Jetzt wissen Sie, warum es überhaupt Handelsplätze gibt und warum Sie sich als Teil der Wertschöpfungskette fühlen sollten. Sie stellen dem Markt stunden- oder tageweise Ihr Kapital zur Verfügung und Sie sollten sich *vorher* überlegen, wie Sie die Bedingungen dafür gestalten. Merken Sie jetzt, wie sich Ihre Sichtweise verändert? Sie sind der Boss und bestimmen, was wie zu funktionieren hat. Sie bestimmen, wie viel Kapital wie lange in welchen Märkten mit welchem Risiko Sie dem Markt zur Verfügung stellen. Sie suchen sich die Zinserträge und Risikoprämien aus, die es zu verdienen gibt, und Sie legen die Rahmenbedingungen fest. Wenn Sie das nicht tun, gesellen Sie sich automatisch zu den Zockern, die das Haifischbecken mit Kapital füttern. Sie haben die Wahl!

WIE LÄSST SICH IHRE POSITION IM MARKT STÄRKEN?

Zunächst möchte ich auf den Anfang meiner kleinen Reise zurückkommen und Ihnen erläutern, wie Sie vermeiden können, dass sich nach dem Kauf bei Ihnen das Gefühl einstellt, der Markt hätte nur auf Sie gewartet. Ich möchte auf das Phänomen der Kaufreue zu sprechen kommen und möchte den gerade erwähnten Punkt vertiefen: die Bedingungen präzise zu bestimmen, zu denen Sie bereit sind, dem Markt Ihr Kapital zu überlassen.

Wenn Sie sich in die Situation eines Kaufmanns versetzen und eine Vorstellung davon haben, wie sich ein Produkt am Markt absetzen lässt, dann haben Sie eine Vorstellung vom Markt, der Nachfragesituation und nicht zuletzt vom möglichen Verkaufspreis Ihrer Waren. An der Börse ist die Marktforschung dafür sehr viel einfacher als auf dem physischen Gütermarkt. Sie schauen sich den langfristigen

AKZEPTIERE KEINE VERLUSTE

Chart des DAX oder der Währungspaare an, beispielsweise EUR/USD, und ermitteln, ob der Trend nach oben oder unten zeigt. Dann sehen Sie sich die kurzfristigen Trends an und in welchen Bereichen der Markt Unterstützungs- und Widerstandslinien ausbildet. Sie erkennen auf einen Blick, bei welchen Geld-Brief-Spannen sich wie viele Käufer und Verkäufer zu einem Abschluss treffen. Und wenn es Ihnen jetzt gelingt, alle Nachrichten auszublenden, die Sie in den letzten Tagen zum DAX oder EUR/USD gehört haben, wenn Sie nur Ihrer Beobachtungsgabe und Ihrem Instinkt folgen, dann sollten Sie ein Gefühl für den Markt entwickeln können, was Ihnen erlaubt, eine höhere Trefferquote als 50 Prozent zu erzielen. Damit haben Sie bereits gewonnen, denn wenn Sie mögliche Verluste ganz klein halten, werden Sie dem Markt mehr nehmen als geben. Das ist Ihr Erfolgsrezept.

OPTIMIEREN SIE IHRE HANDELSSPANNE
ÜBER DAS RICHTIGE KAUFLIMIT

Angenommen, Sie definieren in Ihrem Businessplan das Unternehmensziel wie folgt: *Akzeptiere niemals den erstbesten Preis, egal wie gut das Angebot auch aussieht, sondern reduziere Deine Einkaufskosten zukünftig um drei bis fünf Prozent!*

Wenn Sie Ihren Profit mit einer ausgefeilten Einkaufstechnik ausweiten können, warum tun Sie es dann nicht? Aus Angst, das Schnäppchen würde Ihnen sonst durch die Lappen gehen? Vielleicht haben Sie recht und möglicherweise entgeht Ihnen tatsächlich ein gutes Geschäft. Deshalb gehört in Ihren Businessplan unter der Rubrik „Handlungsgrundsätze" noch etwas mehr hinein.

MEIN TIPP: Seien sie wählerisch. Sie können es sich leisten, auf gute Geschäfte zu verzichten, wenn Sie etwas anderes dafür bekommen: die *Filetstücke*.

An den Märkten gibt es täglich viele gute Tradinggelegenheiten, aber Sie sind der Boss, und deshalb suchen Sie sich die besten aus. Neben den Filetstücken gibt es noch einen weiteren Vorteil: Während das Kauflimit für Sie arbeitet, haben Sie Zeit, über Ihr Engagement nachzudenken, und Ihr Instinkt kann sich frei entfalten.

DAS BILD VOM HYPERAKTIVEN UND ERFOLGREICHEN TRADER IST UNVOLLSTÄNDIG UND ZUGLEICH FALSCH

Was für ein Bild haben Sie von einem erfolgreichen Trader? Fünf bis sechs Telefonhörer am Ohr, um lukrative Entscheidungen zu treffen? Luxus pur? Dieses Bild ist unvollständig, denn Sie sehen nicht den Preis, den der Händler dafür bezahlt. Sie sehen auch nicht, auf welchen Konten er handelt. Was fehlt in diesem Bild? Sie sehen nicht, dass 70 Prozent der Börsenhändler am New Yorker Parkett oder in Chicago an der Warenterminbörse die ersten sechs Monate finanziell nicht überleben. Sie sehen auch nicht die soziale Vereinsamung und die gesundheitlichen Folgen über Dauerstress bis hin zum Burn-out.

Warum ist das in diesem Zusammenhang für uns wichtig? Wenn Sie einen Auftrag erteilen, hat Ihr Händlerkopf seine Arbeit getan und ist nicht mehr gefragt. Dann hat Ihr Instinkt freie Bahn und nicht selten kommt schnell die Kaufreue. Jetzt fängt der Stress an, denn Ihre Position läuft ins Minus und damit Gefahr, ausgestoppt zu werden. Ihre Analyse-Vorarbeit war zwar gründlich, das Timing war nur etwas unglücklich. Sie verlassen den Markt und anschließend läuft er in die von Ihnen prognostizierte Richtung. Das alles dürfte Ihnen bekannt vorkommen.

DIE KERNFRAGE: WIE LASSEN SICH IHRE ENTRY UND EXIT POINTS OPTIMIEREN?

Limitieren Sie Ihre Käufe und Verkäufe aggressiv, und Sie erzielen nicht nur eine höhere Rendite, sondern Sie senken Ihr Handelsrisiko und bauen Stress durch Kaufreue ab. Wie aber lassen sich diese

AKZEPTIERE KEINE VERLUSTE

für den nächsten Tag. Die Berechnung wird also nach Börsenschluss für den nächsten Tag vorgenommen. Sie berechnen die Mittellinie Pivot Point sowie jeweils zwei Unterstützungs- und zwei Widerstandslinien (Support/Resistance 1+2)

Pivot Point (P) = (High + Low + Close) / 3

Support 1 (S1) = (P x 2) - High

Support 2 (S2) = P - (High - Low)

Resistance 1 (R1) = (P x 2) - Low

Resistance 2 (R2) = P + (High - Low)

 MEIN TIPP:

Bevor Sie mit einer neuen Technik an den Markt gehen, machen Sie es wie ein guter Handwerker. Probieren sie die Farbe erst an einer Stelle aus, wo es niemandem auffallen würde, wenn der Ton nicht den Erwartungen des Auftraggebers entspricht. Mit einem Musterdepot sollten Sie also erst einmal die Parameter mit echten Daten, aber ohne Investment testen, bis Sie sich wohlfühlen.

 TESTFRAGE:

Und jetzt beantworten Sie bitte folgende Frage: Welcher Geschäftsgrundsatz Ihres Businessplans kommt hier zum Tragen?

Sie testen Ihre Strategien erst, weil das Ihrem Grundsatz, keine Verluste zu akzeptieren, entspricht.

Die zweite Methode lässt sich intuitiv besser handeln und basiert auf visueller und technischer Analyse.

31

TRUE RANGE (TR) UND AVERAGE TRUE RANGE (ATR)

Die *True Range (TR)* und ihre geglättete Variante, die *Average True Range (ATR)*, wurde von Welles Wilder 1978 in seinem Buch „New Concepts in Technical Trading Systems" vorgestellt. Die ATR wird auch „Wilder's Volatility" genannt. Wilder suchte nach einer Möglichkeit, die Volatilität der Rohstoff- und Terminmärkte in einem Indikator darzustellen. Laut Definition von Wilder ist die True Range („wahre Handelsspanne") das Maximum aus den folgenden drei Alternativen. Insbesondere mit den Alternativen 2 und 3 werden Kurslücken (Gaps) in stark volatilen Märkten berücksichtigt. Wilder hat die drei Alternativen in folgender Grafik (Abbildung 1) veranschaulicht:

D1. die heutige Handelsspanne (Tagestief bis Tageshoch), oder

D2. die Handelsspanne zwischen dem Schlusskurs von gestern und dem Hoch von heute, oder

D3. die Handelsspanne zwischen dem Schlusskurs von gestern und dem Tief von heute.

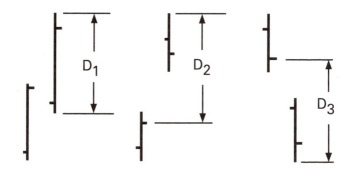

Abb. 1

Quelle: www.VTADwiki.de

Wählen Sie die größte Tagesspanne (TR) aus und verarbeiten Sie diesen Wert im ersten Schritt zur Ermittlung des Einstiegspunktes (Entry), aber auch zur Bestimmung Ihres Stop-Loss außerhalb der True Range. Mit der Positionierung des Stop-Loss haben viele Anleger ihre Schwierigkeiten, weshalb wir empfehlen, die True Range aktiv einzusetzen.

TESTFRAGE:
Beantworten Sie bitte folgende Frage. Welcher Geschäftsgrundsatz Ihres Businessplans kommt hier zum Tragen?

Sie begrenzen Ihren Verlust, ziehen den Stopp nach und sichern bei einer positiven Entwicklung Teile des Buchgewinns. Das entspricht ebenfalls Ihrem Grundsatz, keine Verluste zu akzeptieren.

FASSEN WIR ZUSAMMEN:
Es ist wichtig, dass Sie Ihre Position, die Sie im Markt einnehmen wollen, klar definieren, dass Sie einen Businessplan und einen Tradingplan mit Handelsgrundsätzen entwickeln, um die teuer bezahlten Erfahrungen, die Sie machen werden, nicht doppelt und dreifach bezahlen zu müssen. „Keine Verluste akzeptieren" heißt nicht, dass Sie überhaupt keine Verluste machen werden. Sie sollten sie nur nicht einfach hinnehmen, sondern daraus lernen und die sich ergebenden Handlungsgrundsätze zu einer Checkliste verarbeiten, die Sie vor jedem Trade abarbeiten. Protokollieren Sie mindestens im wöchentlichen Rhythmus, was Sie richtig und was Sie falsch gemacht haben. Bevor Sie eine neue Handelstechnik anwenden, probieren Sie sie in einem Demokonto aus. Sie sind der Boss und bestimmen, welches Risiko Sie eingehen wollen.

Spüren Sie Kontrollverlust, so unterbrechen Sie den Handel, bis Sie die Kontrolle wiedergewonnen haben. Hören Sie auf Ihren Instinkt und schotten Sie ihn ab, damit er sich entfalten kann.

Endnoten

*KGV, PEG Das Kurs-Gewinn-Verhältnis (KGV) (engl. Price-Earnings-Ratio (PER) oder P/E Ratio) ist eine Kennzahl zur Beurteilung von Aktien. Hierbei wird der Kurs der Aktie in Relation zu dem für den Vergleichszeitraum gegebenen beziehungsweise erwarteten Gewinn je Aktie gesetzt. Das Kurs-Gewinn-Wachstums-Verhältnis (KGV-Wachstums-Verhältnis; engl.: Price/Earnings-to-Growth-Ratio) dient als Kennzahl zur Bewertung der Aktien von Wachstumswerten.

**KonTraG Gesetz zur Kontrolle und Transparenz im Unternehmensbereich, kurz KonTraG. Wörtlich erlässt das Gesetz dazu in § 91 Abs. 2 des AktG eine neue Vorschrift, nach der der Vorstand verpflichtet wird, geeignete Maßnahmen zu treffen, insbesondere ein Überwachungssystem einzurichten, damit den Fortbestand der Gesellschaft gefährdende Entwicklungen früh erkannt werden.

Im Rahmen des ersten Teils freue ich mich, Ihnen meinen Kollegen und Koautor Alexander Sedlacek vorstellen zu dürfen. Er wird Ihnen, wie bereits in der Einleitung erwähnt, das Innere der Märkte offenbaren.

Alexander Sedlacek wird erläutern, welchen Nutzen Sie von Advanced-Decline-Berechnungen, Umsatzverhalten bis hin zu Percent Above Moving Averages erwarten dürfen. Dabei wird er nicht versäumen, auf den altbewährten Bullish Percent Index (BPI) einzugehen und Ihnen die Interpretation und praktische Anwendung näherzubringen. Damit erhalten Sie eine gute Grundlage, mit der es Ihnen leichterfallen dürfte, in die preisgekrönten Strategien im zweiten Teil des Buches einzusteigen.

Alexander Sedlacek

Alexander Sedlacek erlernte das Finanzgeschäft in seinen Grundzügen bei der Sparkasse. Nach seiner Ausbildung zum Bankkaufmann erfolgte ein Wechsel zu einer Großbank in die Kundenberatung. Nebenberuflich absolvierte er über die „Frankfurt School of Finance and Management" den Studiengang zum „Dipl. Bankbetriebswirt". Nach einer zusätzlichen Fortbildung für das „Private Banking" über das Institut für Kapitalmarktforschung und Finanzierung der LMU München ist er heute für Novethos Financial Partners im Portfoliomanagement tätig und unter anderem für die Technische Analyse verantwortlich.

Für ihn ist der Preis eines liquiden Assets das Ergebnis aus der Interaktion entsprechender Marktteilnehmer, deren Entscheidungsprozesse nicht nur rational, sondern besonders durch psychologische Faktoren beeinflusst sind. Genau hier setzt er mit der Technischen Analyse an, um die taktische Asset Allocation zu verbessern. In zunehmendem Maße wird es immer wichtiger, kurz- bis mittelfristige Trends auszunutzen, besonders da die „traditionellen Korrelationen" der verschiedenen Märkte sich zunehmend verändern und die strategische Asset Allocation mittels Diversifikation immer schwerer erfolgreich umzusetzen ist.

Die Technische Analyse ist für ihn ein Werkzeugkasten, dessen Tools man einzeln erlernen muss, damit man weiß, wie und wann sie erfolgreich zum Einsatz kommen. Es ist wie in jedem Handwerk: Eine fundierte Ausbildung ist gefragt. Wissen und Erfahrung müssen erarbeitet werden, bis die nötigen Kenntnisse und Fertigkeiten schließlich reflexartig zur Verfügung stehen und abgerufen werden können, wenn die Märkte wieder einmal Kapriolen schlagen.

Auf die Frage, was beim Traden wichtig ist, antwortet er: „Egal auf welche Zeitebene man sich spezialisiert, nur derjenige kann Gewinne dauerhaft erwirtschaften, der eine stringente Disziplin, eine geschulte Psyche, ein Risiko-Moneymanagement, ein ausführliches Tradingjournal und eine schlüssige Handelstaktik erarbeitet hat. Da die Märkte sich stetig verändern, gehört das Ganze mit einem Controlling-Prozess rückgekoppelt und angepasst, und erst dann können Gewinne auf Dauer erzielt werden."

Eine Komponente seiner Handelstaktik für Aktienmärkte ist die Analyse, auf welchem Fundament die Kursentwicklungen gebaut sind. Eine Hausse, die nur auf wenige steigende Einzelwerte zurückzuführen ist, sei nicht nachhaltig und signalisiere Marktschwäche. Um solche Situationen zu filtern, reicht nicht allein die Untersuchung der Kursentwicklung eines Index, sondern man muss ins „Innere des Marktes" blicken.

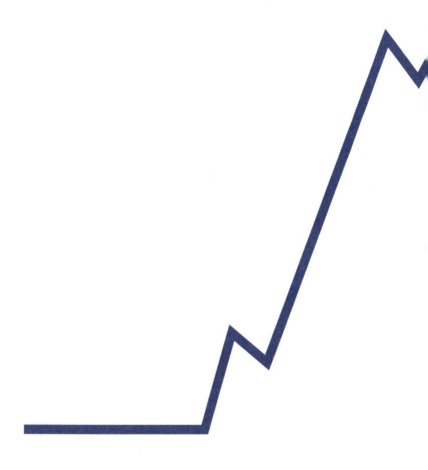

1. Trends werden korrigiert

Ein analytischer Blick auf die letzten zwei Jahrzehnte offenbart das Offensichtliche! Die Märkte, hier beispielsweise repräsentiert durch den Standard & Poor's 500 (S&P 500), bewegen sich in Trends. „The Trend is your Friend": Diese Grundlage der Technischen Analyse ist heute jedem bekannt, auch wenn man sich nicht mit Technischer Analyse beschäftigt.

MARKTBREITE-INDIKATOREN: DER BLICK INS INNERE DES AKTIENMARKTES

Alexander Sedlacek

Egal auf welcher Zeitebene man handelt, den Trend auf seiner Seite zu haben, ist eine der schwierigsten Herausforderungen beim Traden oder Investieren. Denn an einem Trend kann man nur richtig partizipieren, wenn man ihn früh erkennt und rechtzeitig auf seine Veränderungen reagiert.

Im nachfolgenden Chart lassen sich klare langfristige Trends erkennen.

Abb. 1: Wochenchart des S&P 500 – Mittelfristige Trends A-E

A: 1992 - 2000 Aufwärtstrend von 396 - 1.527 USD, ein beachtliches Plus von 280 %, eine Hausse in einer Zeitspanne von 389 Handelswochen.

B: 2000 - 2002 Abwärtstrend von 1.527 - 800 USD, entspricht einer Korrektur vom Hoch von 47,3 %, eine Baisse in einer Zeitspanne von 132 Handelswochen.

C: 2002 - 2007 Aufwärtstrend von 800 - 1.564 USD, vom Tief ein Plus von 94,8 %, in einer Zeitspanne von 262 Handelswochen.

D: 2007 - 2009 Abwärtstrend von 1.564 - 683 USD, vom Hoch ein Minus von 56,3 % innerhalb der kurzen Zeitspanne von 73 Handelswochen.

E: 2009-2011 Aufwärtstrend von 683 - 1.366 USD, entspricht einem Plus von 99,5 % in der Zeitspanne von 112 Handelswochen.

Diese fünf identifizierten mittelfristigen Trends fungieren als Grundlage für die folgenden Kapitel.

In der nachträglichen Betrachtung des Kursverlaufs sind diese Trends leicht zu definieren. Geht man vom Status quo eines Trends aus, gibt es jedoch ein Problem. Befinden wir uns in einem Aufwärtstrend, kann jedes neue Hoch das letzte sein und jede Korrektur eine Trendwende. In einem Abwärtstrend kann jeder Sell-Off, jedes Tief oder jeder vermutete Pullback eine Trendwende einleiten.

Zoomt man eine Zeitebene niedriger in den definierten langfristigen Trends, so lassen sich eindeutige Korrekturen erkennen. Als Korrektur definiere ich eine Gegenbewegung zum vorherrschenden Trend von mindestens 5 %. Einige der ermittelten Korrekturen werden später genauer daraufhin untersucht, ob man sie mittels eines Indikators hätte erkennen können.

Die einzelnen Korrekturen, also in Aufwärtstrends Korrekturen nach unten und in Abwärtstrends Gegenbewegungen nach oben, sind in der folgenden Tabelle aufgelistet. Um einige interessante Ergebnisse der 45 Korrekturen in den letzten 20 Jahren vorweg zu nennen:

1. In Aufwärtstrends

- sind Korrekturen häufiger als in Abwärtstrends,
- fallen die Korrekturen anfangs (in Prozent) tendenziell kleiner aus,
- dauern Korrekturen zeitlich (in Handelstagen) anfangs länger,
- häufen sich Korrekturen zum Ende eines Trends.

2. In Abwärtstrends

- sind Korrekturen seltener als in Aufwärtstrends,
- dauern Korrekturen circa 20 - 35 Handelstage.

NR	Trend	Jahr	Hoch	Tief	Punkte	%	Dauer in Handelstagen
	A	1992	-	-	-	-	-
1		1993	456,8	432,3	-24	-5,4	34
2		1994	479,7	435,9	-44	-9,1	43
3			476,1	452,4	-24	-5,0	30
4			473,8	445,5	-28	-6,0	27
		1995	-	-	-	-	-
5		1996	678,5	626,7	-51,9	-7,6	43
6		1997	816,3	737,7	-78,6	-9,6	39
7			960,3	900,8	-59,5	-6,2	10
8			983,1	877,0	-106,1	-10,8	15
9		1998	1186,8	957,3	-229,5	-19,3	30
10		1999	1275,1	1212,2	-62,9	-4,9	5
11			1279,6	1216,1	-63,5	-5,0	8
12			1367,6	1281,4	-86,1	-6,3	10
13			1418,8	1281,4	-137,4	-9,7	17
14			1381,8	1247,4	-134,4	-9,7	37
15		2000	1469,3	1333,4	-135,9	-9,2	42
16			1527,5	1356,6	-170,9	-11,2	16
17			1477,4	1373,9	-103,6	-7,0	21
18			1510,5	1419,9	-90,6	-6,0	37
19	B	2000	1329,8	1432,2	102,4	7,7	18
20			1315,0	1380,2	65,3	5,0	10
21			1264,7	1334,2	69,5	5,5	7
22		2001	1103,3	1312,8	209,6	19,0	32
23			965,8	1170,4	204,6	21,2	32
24		2002	797,7	962,7	165,0	20,7	23
25	C	2003	895,9	848,0	-47,9	-5,3	28
26		2004	1156,9	1091,3	-65,5	-5,7	13
27			1150,6	1084,1	-66,5	-5,8	31
28			1144,1	1063,2	-80,8	-7,1	60
29		2005	1225,0	1137,5	-87,5	-7,1	34
30			1245,0	1176,8	-68,2	-5,5	52

MARKTBREITE-INDIKATOREN: DER BLICK INS INNERE DES AKTIENMARKTES

NR	Trend	Jahr	Hoch	Tief	Punkte	%	Dauer in Handelstagen
31		2006	1325,8	1223,7	-102,1	-7,7	27
32		2007	1459,7	1374,1	-85,6	-5,9	10
33			1553,1	1406,7	-146,4	-9,4	19
34	D	2007	1407,2	1516,0	108,7	7,7	11
35		2008	1273,4	1426,0	152,6	12,0	51
36			848,9	1005,0	156,1	18,4	6
37			752,4	934,7	182,3	24,2	34
38	E	2009	946,2	879,1	-67,1	-7,1	20
39			1097,9	1036,0	-61,9	-5,6	8
40		2010	1150,2	1056,7	-93,5	-8,1	15
41			1217,3	1022,6	-194,7	-16,0	50
42			1127,8	1047,2	-80,6	-7,1	14
43		2011	1343,0	1256,9	-86,1	-6,4	18
44			1363,6	1265,4	-98,2	-7,2	14
45			1353,2	1119,5	-233,8	-17,3	23

Abb. 2: Eigene Aufstellung der Korrekturen in Auf- und Abwärtstrends (handelsfreie Wochentage nicht berücksichtigt)

Genau diese Korrekturen machen es Investoren, Swing-Tradern und Day-Tradern schwer. Stop-Limits liegen zu eng, man glaubt, ein Trend geht zu Ende, und man setzt auf die falsche Entwicklung. Panikverkäufe, um die übrig gebliebenen Gewinne zu retten oder Verluste zu begrenzen, sind das Resultat.

Aber auch genau diese Korrekturen sind interessant, da sie ausgenutzt werden können. Neupositionen oder ein Wiedereinstieg können bei niedrigeren Kursen riskiert werden. Die Problematik, dass jedes Hoch und Tief das Letzte für diesen Trend gewesen sein kann, bleibt jedoch bestehen.

Die Technische Analyse bietet viele Methoden, um zwischen Korrektur und Trendwende abwägen und auf die wahrscheinlichere Variante agieren zu können. Neben der klassischen Formations-, Zyklus-, Candlestick-, Trend- oder Elliott-Wellen-Analyse können Indikatoren als Hilfsmittel konsultiert werden.

Neben den verschiedensten Indikatoren oder Oszillatoren gibt es die sogenannten Marktbreite-Indikatoren, die einen „Blick in das Innere des Marktes" zulassen. Denn es macht einen Unterschied, ob beispielsweise ein Aufwärtstrend nachhaltig und auf viele Aktien zurückzuführen ist oder ob der Trend auf schwachem Fundament gebaut ist und in sich zusammenzubrechen droht.

Mit Marktbreite-Indikatoren haben Sie zum einen ein Hilfsmittel, das Ihnen einen Trend bestätigt, Divergenzen sowie überkaufte beziehungsweise überverkaufte Situationen anzeigt und in bestimmten Marktverhältnissen einen Trendausbruch vorwegnimmt. Zum anderen kann solch ein Indikator als zusätzliches Werkzeug für die Handelstaktik verwendet werden oder auch für das Risiko- und Moneymanagement, indem man die Positionsgrößen je nach Entwicklung eines Marktbreite-Indikators bestimmt. Warum sollte man in einem überkauften Markt volle Positionsgrößen riskieren?

Diese Kategorie der Indikatoren gibt es jedoch *ausschließlich für den Aktienmarkt*, da Marktbreite nur für etwas berechnet werden kann, wo viele verschiedene Handelsgüter ein Ganzes ergeben. Berechnungsgrundlage sind deshalb Indizes oder Börsen als Marktplatz, wie zum Beispiel der S&P 500 (SPX) als Index und die New York Stock Exchange (NYSE).

Ein weiterer wichtiger Unterschied zu den normalen Indikatoren sind die Daten, die für die Berechnung maßgeblich sind. Hier wird zur Berechnung der Marktbreite nicht direkt die Kursveränderung herangezogen, sondern der zur Verfügung stehende Datenpool besteht aus

- der Anzahl gestiegener Aktien,
- der Anzahl gefallener Aktien,
- dem Volumen gestiegener Aktien,
- dem Volumen gefallener Aktien,
- neuen Hochs oder Tiefs,
- Aktien über oder unter Durchschnitt „n",

die für den jeweiligen Indikator bestimmend sind.

Jeder, der sich tiefer gehend mit der Technischen Analyse befasst hat, wird in der Literatur, im Internet oder in Vorträgen über einen Marktbreite-Indikator oder eine Variation dessen gehört beziehungsweise gelesen haben.

In den USA ist diese Messung der „Gesundheit" des Marktes schon seit Jahrzehnten üblich. Das *Wall Street Journal* oder *Barron's* waren die Vorreiter bei der Veröffentlichung von Marktbreite-Daten. Heutzutage berechnen die NYSE und die Nasdaq die klassischen Marktbreite-Indikatoren, die amerikanische Börsendienstleister oder Chartprogramme veröffentlichen.

In Deutschland ist die Datenversorgung für den DAX und die europäischen Märkte leider bisher spärlich. Ein Berechnung für den DAX mit seinen 30 Titeln kann jeder mittels einer Excel-Tabelle umsetzten. Jedoch ist der zeitliche Aufwand zu berücksichtigen und 30 Aktien sind für eine fundierte Marktbreite-Analyse nicht ausreichend.

Mein Ziel ist es,

- Ihnen einen Überblick sowie ein Nachschlagewerk der bekanntesten Marktbreite-Indikatoren an die Hand zu geben,
- die Schwerpunkte auf Indikatoren zu legen, die Sie bei mittelfristigen Entscheidungen unterstützen, und
- Ihnen näherzubringen, was sie aussagen, wie sie zu interpretieren sind und welche Vor- und Nachteile sie haben.

Die folgenden Charts sind mittels Daten des S&P 500 durch Excel oder das Chartprogramm „Stockcharts.com" erstellt. Schon für „kleines Geld" (15 USD pro Monat) können Sie auf die Daten der letzten 20 Jahre problemlos zurückgreifen und die Indikatoren selbst studieren.

2. Die Klassiker der Marktbreite-Indikatoren

2.1 AD-LINE

Der mit am häufigsten verwendete und bekannteste Marktbreite-Indikator ist die Advance-Decline-Line. Um einen breiten Markt als Grundlage zu haben, wird die Anzahl aller Aktien eines Index oder einer Börse täglich gemessen und überprüft, ob die Aktien gestiegen, gefallen oder unverändert sind.

Von der Anzahl der gestiegenen Aktien wird die Anzahl der gefallenen Aktien abgezogen. Die daraus resultierende tägliche (positive oder negative) Nettoveränderung wird zu den vorherigen Ergebnissen einer Periode addiert. Für die NYSE ($NYAD) oder die Nasdaq ($NAAD) wird die AD-Line bei Chartsoftware-Anbietern als eigener Index zur Verfügung gestellt.

Der Wert der AD-Line hat keine Aussagekraft, da dieser je nach Marktphase (Hausse, Baisse) und Länge der betrachteten Periode anders ausfällt. Ein Vergleich von Extremwerten oder eine Festlegung von Über- und Unterverkauft-Zonen ist deshalb nicht möglich.

Der Indikator hat seine eigene Trendlinie, die zum Vergleich mit Indizes herangezogen werden kann, um die Nachhaltigkeit eines Trends zu prüfen. Aufmerksamkeit sollte auch dem Neigungswinkel (Steilheit) und der Richtung des Indikators gewidmet werden.

BERECHNUNG

AD-Line: (Anzahl gestiegener Aktien - Anzahl gefallener Aktien)
+ Wert AD-Line Vortag

2.1.1 INTERPRETATION UND ANWENDUNG

Die AD-Line zeigt an, wie viele Aktien aus einem Markt oder Index an einem Aufwärts- oder Abwärtstrend beteiligt sind. Ein solides Fundament für einen nachhaltigen Aufwärtstrend sollte aus vielen Aktien bestehen.

Dabei wird nicht berücksichtigt, ob es sich bei den steigenden und fallenden Aktien um „Schwergewichte" (Aktien mit hoher Marktkapitalisierung) oder „Fliegengewichte" handelt. Alle Aktien bewegen den Indikator im gleichen Maße, was einen vorteilhaften Ausgleichseffekt hat. Dies löst das Problem der Verzerrung von Indizes durch „Schwergewichte". Beispielsweise kann der Index steigen, obwohl die meisten enthaltenen Aktien fallen – eben weil „Schwergewichte" ihn nach oben ziehen.

Werden neue mittelfristige oder langfristige Hochs ausgebildet, so sollte die AD-Line diese mit einem Gleichlauf bestätigen und ebenso neue Hochs ausbilden. Ist der Trend der AD-Line gegenläufig beziehungsweise werden keine neuen Hochs ausgebildet, handelt es sich um eine „bearishe Divergenz", die eine Marktschwäche signalisiert. Den Bullen geht die Kraft aus, es finden sich keine neuen Käufer, der Verkaufsdruck erhöht sich, die Bären bringen sich in Position. Ergebnis: Das Risiko einer Korrektur steigt.

2.1.2 ANALYSE VON DIVERGENZEN

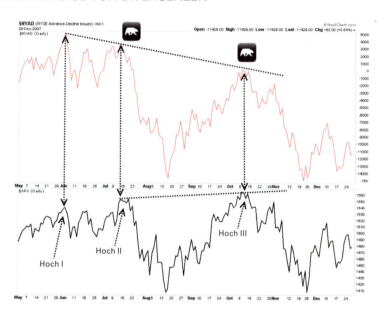

Abb. 3: Bearishe Divergenzen im Tageschart zwischen der AD-Line und dem S&P 500

Abbildung 3 zeigt bearishe Divergenzen zwischen der NYSE-AD-Line (oben) und dem S&P 500 (unten). Im Juli 2007 erreichte der S&P 500 sein Allzeithoch bei 1.555 USD.

Der Indikator signalisiert bereits Mitte Juli, dass das Hoch II durch weniger Aktien getragen wird. Nach einer 11,8-%-Korrektur des S&P 500 startete er auf sein nächstes Allzeithoch im Oktober bei 1.576 USD. Es wurde eine weitere Divergenz bei Hoch III zwischen Index und AD-Line signalisiert, bereits vor dem folgenden 20-prozentigen Absturz.

Der Indikator kann für Abwärtstrends genutzt werden, um Trendwenden nach oben zu identifizieren, wenn eine „bullishe Divergenz" ausgebildet wird.

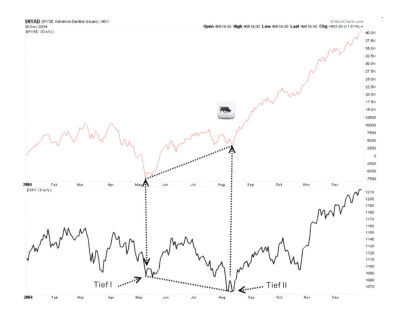

Abb. 4: Bullishe Divergenz im Tageschart zwischen der AD-Line und dem S&P 500

Abbildung 4 zeigt eine bullishe Divergenz zwischen der NYSE-AD-Line (oben) und dem S&P 500 (unten). Im Mai 2004 bildete sich im S&P 500 Tief I bei 1.090 USD aus.

Bis Ende Juli erholte sich der Index und fiel dann auf das tiefere Tief II im August. Die AD-Line fiel jedoch nicht auf ein tieferes Tief, sondern bildete auf deutlich höherem Niveau ein höheres Tief. Die bullishe Divergenz kommt in dieser Eindeutigkeit eher selten vor. In der Vergangenheit deutete sie meist einen wichtigen Tiefpunkt an.

2.1.3 TRENDBESTÄTIGUNG

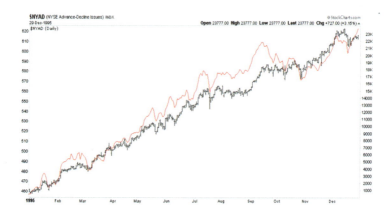

Abb. 5: Trendbestätigung im Tageschart zwischen der AD-Line und dem S&P 500

Abbildung 5 zeigt den SPX im Jahr 1995 – eine Bilderbuch-Hausse, die dem Index einen Zuwachs von 34,11 % auf Jahressicht bescherte. Der Kursverlauf des S&P 500 wird durch OHLC-Bars dargestellt, über ihnen die AD-Line in der Linienvariante.

Der Indikator läuft gleich mit dem Index und bestätigt den starken Trend. Anders ausgedrückt: Die meisten an der NYSE gehandelten Aktien tragen zum Trend bei und steigen mit. Hierbei handelt es sich um ein mittelfristiges Beispiel. Besonders bullish sind Trendgleichläufe zu interpretieren, wenn die AD-Line sehr steil verläuft und beispielsweise vorher eine Konsolidierung stattgefunden hat. In Baissen verhält es sich entsprechend umgekehrt.

MARKTBREITE-INDIKATOREN: DER BLICK INS INNERE DES AKTIENMARKTES

Abb. 6: Bullishe und bearishe Divergenzen im Tageschart zwischen der AD-Line und dem S&P 500

Schauen wir uns einen Vergleich aus dem Jahre 1996 genauer an. Der S&P 500 (unterer Chart) konsolidierte von Mitte Februar bis Mitte Mai. Am Anfang (1.) bestätigte der Indikator das tiefere Tief im Index, indem er auch ein kurzfristiges Tief ausbildete. Während sich der Index in einer Seitwärtsbewegung mit leichter Tendenz nach unten befand, bildete der Indikator neue Hochs aus (2.) und signalisierte ein stärkeres Aufwärtsvolumen. Mitte April bildete der Index ein neues kurzfristiges Tief aus (3.). Der Indikator signalisierte eine bullishe Divergenz.

Der Ausbruch des Index (4.) erfolgte nach bullisher Bestätigung des Indikators. Die neuen Hochs des Index (5.) erweisen sich nicht als nachhaltig, denn der Index testete noch zwei Mal das Hoch. Beim letzten Versuch wurde dieses nicht mehr erreicht. Ein Blick auf die Marktbreite signalisierte klar, dass die breite Masse der Aktien nicht mitstieg, und der Index brach um 7,6 % ein.

Besonders an solchen Hochs eignet sich die AD-Line als hervorragendes Hilfsmittel. Nach der Ausbildung des Korrekturtiefs zogen die Aktien wieder an und stiegen in der Breite (6.). Ein Signal für den neuen Aufwärtstrend lieferte der Indikator jedoch nicht.

2.1.4 HISTORIE

Da der Marktbreite-Indikator sehr übersichtlich und für den mittel- bis langfristigen Vergleich brauchbar ist sowie in dem betrachteten Zeitraum mehrere gute Signale lieferte, möchte ich die Historie dieses Indikators genauer aufzeigen.

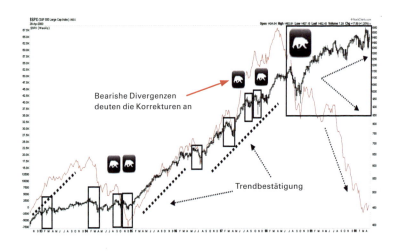

Abb. 7: Historie im Wochenchart zwischen der AD-Line und dem S&P 500

MARKTBREITE-INDIKATOREN: DER BLICK INS INNERE DES AKTIENMARKTES

Die starke Hausse von 1992 - 2000 wurde durch 18 Korrekturen über 5 % geprägt, davon acht bis einschließlich 1998, die in vier Fällen mit bearishen Divergenzen einhergingen. Der übergeordnete Aufwärtstrend wurde mit einem generellen Gleichlauf der AD-Line bestätigt.

Die restlichen Korrekturen fanden in den letzten zwei Jahren der Hausse statt. Die AD-Line befand sich bereits seit Anfang 1998 im freien Fall und signalisierte eine deutliche Veränderung im Fundament des weit fortgeschrittenen Aufwärtstrends.

Ein weiterer Grund für den steilen Abfall und die Divergenz zum Index liegt in der Berechnung des Indikators. In der folgenden Grafik ist die Entwicklung der gehandelten Aktien an der NYSE von 1992 - 2001 dargestellt. Bis 1998 wurden stetig mehr Aktien notiert, die dadurch in die Berechnung in den Indikator aufgenommen wurden. Ab Mitte 1998 geht die Anzahl der gehandelten Aktien zurück, was sich in Summe negativ auf den Indikator auswirkt.

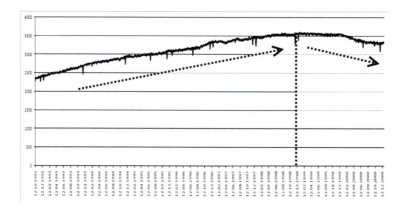

Abb. 8: Eigene Darstellung der Entwicklung der gehandelten Aktien an der NYSE 1992 - 2001

In der Baisse (B) von 2000 - 2002 konnte man aus dem Indikator kaum einen Mehrwert ziehen. Er entwickelte sich jedoch von einem sehr niedrigen Niveau nach oben, obwohl sich die Börsen in einem mittelfristigen Abwärtstrend befanden. Also lag zwar eine klare bullishe Divergenz vor, diese jedoch als alleiniges Entscheidungskriterium für Long-Positionen zu handeln, wäre fatal gewesen.

In der Hausse (C) von 2002 - 2007 bestätigte die AD-Line kontinuierlich den Aufwärtstrend mit neuen Hochs. Lediglich eine bullishe Divergenz wurde im August 2004 ausgebildet, die in Abbildung 4 aufgezeigt wurde.

Abb. 9: Historie im Wochenchart zwischen der AD-Line und dem S&P 500

In der Baisse (D) von 2007 - 2009 erreichte der S&P 500 sein Allzeithoch im Oktober 2007. Nach klassischer Charttechnik erfolgte eine Doppeltopformation mit Fehlausbruch. Somit hätte man das erste Warnsignal erhalten. Wer auf Candlestick-Formationen achtet, hätte das zweite Warnsignal mit einem Evening Star (Trendumkehrformation) bekommen. Als dritte Warnung signalisierte die AD-Line zwei kleine bearishe Divergenzen, einmal ein tieferes Hoch und ein tieferes Tief, im Vergleich zum Index. Der dann etablierte Abwärtstrend des S&P 500 wurde anschließend mehrmals vom Indikator bestätigt.

Abb. 10: Historie im Tageschart zwischen der AD-Line und dem S&P 500

Die Hausse (E) von 2009 - 2011 zeigt der Vergleich des S&P 500 und der AD-Line. Mit dem Indikator konnte man in den zwei Korrekturphasen jeweils eine bullishe Divergenz identifizieren.

Besonders die Korrektur in 2010 war zeitlich ausgedehnt, komplex und konnte leicht als Anfang eines Abwärtstrends interpretiert werden. Der Indikator bildete kein neues Tief und bestätigte anschließend die Fortführung des Aufwärtstrends.

2.1.5 VARIATION DER AD-LINE

Eine weitere Möglichkeit, die Daten der gestiegenen und gefallenen Aktien zu verwenden, ist die Bildung von Ratios. Legt man die daraus entstandenen Daten zum Vergleich an einen Index an, ergibt sich besonders an Tiefpunkten von Aufwärtskorrekturen eine Bestätigung.

BERECHNUNG

AD-Ratio: Anzahl gestiegener Aktien / Anzahl gefallener Aktien

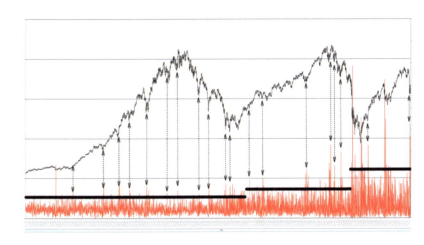

Abb. 11: Historie im Tageschart zwischen dem AD-Ratio und dem S&P 500

Abbildung 11 zeigt den S&P 500 auf Tagesbasis und dessen gestiegene und gefallene Aktien, dargestellt durch das AD-Ratio. Die schwarzen Balken stellen die Überverkauft-Zonen dar. Diese Zone ist in ihrem Wert nicht fixiert, da sich die Märkte verändern.

Betrachtet man die vergangenen fünf Jahre, erkennt man, dass die Ausschläge des Ratios deutlich extremer geworden sind. Ein Grund ist, dass Aktien eines Index mehr miteinander korrelieren. Ein extremer Wert wurde zum Beispiel 2008 oder 2009 erreicht. In dieser Phase sind fast alle Aktien gleichzeitig gefallen. Dieser Zustand ist unter anderem in Sell-Offs gegeben und genau hier bestätigt der

Indikator. Die Ausverkäufe der letzten 20 Jahre erzeugten zuverlässige Signale im Indikator.

Das AD-Ratio kann als Hilfsmittel für antizyklische Strategien hinzugezogen werden, ist jedoch als alleiniges Werkzeug für das Einstiegs-Timing eher ungeeignet.

Um noch klarere Ausschläge zu erhalten, gibt es eine weitere Variante, die auch die unveränderten Aktien berücksichtigt. Das Ratio wird wie folgt berechnet:

BERECHNUNG

$$\text{AD-Ratio (alternativ)} = \sqrt{\left(\frac{\left(\frac{\text{gestiegene Aktien}}{\text{unveränderte Aktien}}\right)}{\left(\frac{\text{gestiegene Aktien}}{\text{unveränderte Aktien}}\right)} * -1\right)}$$

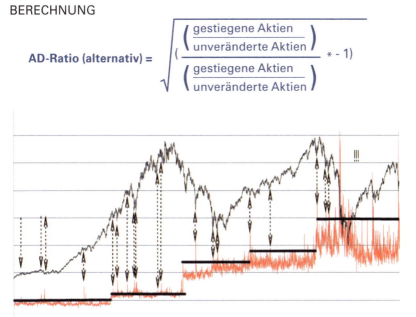

Abb. 12: Historie im Tageschart zwischen dem AD-Ratio und dem S&P 500

Dieses Ratio eignet sich besonders für den längerfristigen Abgleich. Je höher der Ausschlag nach oben ist, desto bearisher ist die Situation, anders ausgedrückt, umso mehr Aktien sind gefallen. Eine

Anpassung je nach Phase erscheint angebracht, wobei auch eine Anpassung erfolgen sollte, wenn ein Trend in seiner Neigung stark zu- oder abnimmt. Besonders in Phasen hoher Volatilität und Korrelation vieler Aktien in einem Markt wird die Interpretation des Indikators schwierig, wie beispielsweise in der Abwärtsphase von 2007 - 2009.

2.1.6 FAZIT

Die AD-Line eignet sich für einen Vergleich auf Monats-, Wochen- oder Tagesbasis hervorragend, um die Nachhaltigkeit eines vorherrschenden Trends zu prüfen. Identifizieren Sie bullishe und bearishe Divergenzen. Achten Sie auf einen Gleichlauf des Indikators mit dem Index. Ist dieser nicht gegeben, ist dies ein Warnsignal für ein fehlendes Fundament. Besonders bei charttechnischen Formationen, wie einem mittelfristigen Doppel- oder Dreifachtop, bietet sich der Indikator sehr gut als Entscheidungshilfe an, ob man sich bei einem Ausbruch im Index nach oben long positionieren soll. Bildet man aus den Berechnungsdaten der AD-Line das Ratio, erhält man einen zusätzlichen Indikator, der Überverkauft-Situationen im Gesamtmarkt signalisiert.

2.2 AD-VOLUME-LINE

Der erste vorgestellte Indikator verwendet die Anzahl der täglich gestiegenen und gefallenen Aktien als Daten. Die AD-Volume-Line nutzt deren Volumen und berechnet die Nettoveränderung, die kumulativ Tag für Tag fortgeführt wird. Die AD-Volume-Line steigt an, wenn die Nettoveränderung des Volumens positiv ist, und fällt, wenn sie negativ ist. Die Daten des gehandelten Volumens werden von den Börsen zur Verfügung gestellt.

2.2.1 NACHTEILE

Dieser Indikator hat jedoch einige Nachteile. Meine Untersuchungen durch Indexabgleiche auf Wochen- und Tagesbasis haben keine nachhaltigen Vorteile ergeben. Der Grund ist das Volumen selbst. Das Hauptvolumen ist auf Schwergewichte wie Apple, Microsoft, Exxon Mobil oder General Electric zurückzuführen.

Nehmen wir Exxon Mobil als Beispiel. Es werden durchschnittlich circa 30 Millionen Aktien täglich gehandelt, multipliziert mit einem Kurs von derzeit 70,00 USD – macht 2,1 Billionen am Tag. Im Vergleich werden von einer Aktie der Ampco-Pittsburgh Corp. lediglich 50.000 Stück pro Tag gehandelt. Bei einem Kurs von 20 USD macht das gerade mal eine Million. Ergo: Der Indikator wird, selbst wenn man einen großen Markt wie die NYSE nimmt, vom Volumen der Schwergewichte gesteuert.

Abb. 13: Historie im Wochenchart zwischen der AD-Volume-Line und dem S&P 500

Ein Vergleich des S&P 500 der letzten 20 Jahre signalisierte zwar einige Divergenzen, beispielsweise eine große ab 1997 bis 2000, als die Schwergewichte eher stagnierten und „kleine" Unternehmen den Index nach oben zogen. Auch in Vergleichen auf kürzerer Zeitebene konnte ich kaum einen Mehrwert erkennen, da der Indikator zu stark mit dem Index korreliert.

Ein weiteres Problem bei der Berechnung nach der klassischen Formel ist die Veränderung der Börsenlandschaft. Institutionelle Investoren handeln verstärkt über alternative Handelsplätze wie beispielsweise BATS Global Markets, Inc. (BATS), da diese mit geringeren Gebühren locken. Dadurch verlieren die Börsenbetreiber wie NYSE oder Nasdaq deutlich an Volumen, was sich im langfristigen Vergleich negativ auswirkt.

Aus diesen Gründen wird nicht genauer auf die klassische AD-Volume-Line eingegangen, sondern auf eine sinnvollere Verwendung der Volumendaten mittels eines Ratios.

2.3 AD-VOLUME-RATIO

Wie bei den Daten der AD-Line lässt sich aus dem Volumen gestiegener und gefallener Aktien ein Ratio bilden. Die Ergebnisse sind eindeutig aussagekräftiger als die der klassischen AD-Volume-Line.

BERECHNUNG

AD-Volume-Ratio:

Volumen gestiegener Aktie / Volumen gefallener Aktien

2.3.1 INTERPRETATION UND ANWENDUNG

Ist die Lage im Markt sehr bearish und kommt es zum Ausverkauf, geschieht dies meist in der Breite. Am Tiefpunkt des Ausverkaufs sind alle Verkäufe abgearbeitet, der Markt hat nun gute Chancen, zu drehen. Die Käufer gewinnen die Oberhand. Die Shorter nehmen ihre Gewinne mit und müssen Deckungskäufe starten. Der Kaufdruck nimmt also zu und dadurch wird das gehandelte Volumen auf der Seite der steigenden Aktien größer. Genau in diesem Moment schlägt das Ratio nach oben aus und bestätigt wichtige Korrektur- und Trendtiefpunkte.

Ähnlich wie beim Advance-Decline-Ratio muss die Signalzone stetig überprüft und gegebenenfalls angepasst werden, um nicht zu viele Signale zu erhalten.

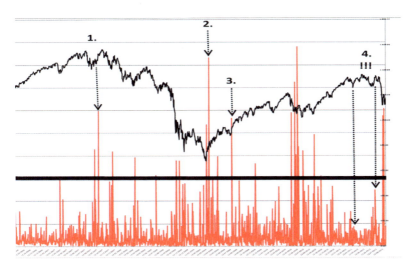

Abb. 14: Vergleich auf Tagesbasis des AD-Volume-Ratios und dem S&P 500 2007 - 2011

Da das Ratio auf das Volumen gestiegener Aktien reagiert, sind die Ausschläge nach Abwärtskorrekturen besonders extrem. Abbildung 14 zeigt das Ratio im Abgleich zum S&P 500. Die Signalzone befindet sich bei einem Wert von 15.

Die Pfeile markieren einige interessante Punkte/Zonen. Bei den Punkten 1., 2. und 3. gehen Korrekturen im Index voraus, der Markt dreht und dabei schlägt das Ratio aus. Solche Signale können gut in Verbindung mit Trend- und Formationsanalysen als zusätzliche Bestätigung genutzt werden. Interessant ist auch die Entwicklung bei 4., hier erfolgte eine 7-prozentige Korrektur (gestrichelter Pfeil) unter relativ geringem Abwärtsvolumen. Die folgende Aufwärtsbewegung war ebenfalls von sehr wenig Volumen getragen, was als Vorwarnung zu interpretieren war. Die zweite 7-prozentige Korrektur fand unter erhöhtem Volumen statt. Das Nichterreichen eines neuen Hochs im Index und das Verhalten des Volumens sendeten Signale aus, die zur Vorsicht mahnten.

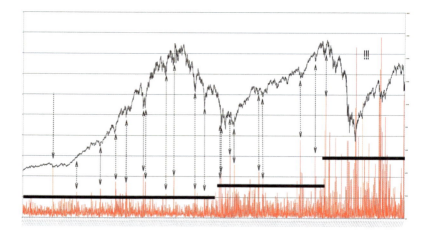

Abb. 15: Historie im Tageschart zwischen dem AD-Volume-Ratio und dem S&P 500

Einen langfristigen Vergleich zeigt Abbildung 15. Besonders in Korrekturtiefs steigt das Ratio auf Extremwerte und hilft mögliche Tiefpunkte in bestehenden Trends zu identifizieren.

2.3.2 FAZIT

Die klassische AD-Volume-Line gibt keine klaren Signale. Nutzen Sie lieber das Ratio, es schlägt aus, wenn das Volumen in steigenden Aktien zunimmt. Extremwerte nimmt das Ratio meist um wichtige Korrekturen herum an. Natürlich erfolgt die Signalgebung zeitverzögert und nur bestätigend. Deshalb gilt auch hier wie bei jedem Marktbreite-Indikator: Nutzen Sie ihn in Verbindung mit anderen Methoden der Technischen Analyse.

2.4 ARMS INDEX – TRIN

Der im Jahre 1967 entwickelte Indikator von Richard W. Arms ist auch unter dem Namen „Short Term Trading Index (TRIN)" bekannt. Der in den USA viel beachtete Marktbreite-Indikator wird für Intraday-Handel und Swingtrades verwendet, um kurzfristige überkaufte und überverkaufte Situationen zu identifizieren. Auch seine Daten werden von der NYSE ($TRIN) und der Nasdaq ($TRINQ) zur Verfügung gestellt, um ein Gesamtbild aller notierten Aktien der jeweiligen Börse zu erhalten.

BERECHNUNG
Der Arms Index wird durch das Ratio gestiegener und gefallener Aktien, dividiert durch das Ratio des Volumens der gestiegenen und gefallenen Aktien eines Index oder Gesamtmarkts, errechnet.

Arms Index:

$$\frac{\text{(Anzahl gestiegener Aktie : Anzahl gefallener Aktien)}}{\text{(Volumen gestiegener Aktien : Volumen gefallener Aktien)}}$$

2.4.1 INTERPRETATION UND ANWENDUNG

Der Arms Index ist als Kontraindikator anzuwenden. Klassisch signalisiert ein Wert über 1 Marktschwäche und resultiert aus einem höheren Volumen bei gleichzeitig fallenden Kursen. Marktstärke wird angezeigt bei einem Wert unter 1, welcher aus höherem Volumen bei steigenden Aktien resultiert.

Aufgrund seiner Berechnung oszilliert der Indikator (Oszillator) um 1, kann aber nie unter 0 fallen, aber weit über 1 steigen. Die starre Definition von „Überkauft" bei über 1 und „Überverkauft" bei unter 1 ist dadurch zu grob. Es sollte auch hier eine entsprechende Anpassung der Zonen je nach Phase beziehungsweise mittelfristigem Trend erfolgen. Kurzfristig bewegt sich der Indikator sehr sprunghaft, was ihn auf den ersten Blick sehr unübersichtlich macht. Eine mögliche Abhilfe ist eine Glättung mittels Durchschnitten.

Grundsätzlich sollen Marktbreite-Indikatoren vorgestellt werden, die mittel- bis langfristig angewendet werden können. Der (ungeglättete) TRIN dient, wie bereits erwähnt, für das kurzfristigere Trading und wird deshalb nur kurz erläutert.

Abbildung 16 zeigt die Kursentwicklung des S&P 500 und den TRIN im Zeitraum von Januar 2010 bis Ende Juni 2010. Es werden Signale aufgezeigt, die bei der Verwendung des Indikators als Long-Signale genutzt werden können, um eine überverkaufte Situation zu identifizieren. Für diese Marktphase lässt sich eine Überverkauft-Zone bei 2,50 ermitteln. Wird ein Signal generiert, kommt es häufig zu einer Gegenbewegung, die einige Tage anhalten kann.

Die Signale im betrachteten Zeitraum wurden durch eine in Relation lange schwarze Kerze (fallende Tageskerze) generiert. In kurzfristigen Aufwärtstrends findet die Signalgebung bereits nach ein- bis zweitägigen Kurskorrekturen statt. In Abwärtstrends sind die Signale schwerer zu interpretieren, besonders wenn der Trend zu beschleunigen und sich in der Breite durchzusetzen beginnt.

MARKTBREITE-INDIKATOREN: DER BLICK INS INNERE DES AKTIENMARKTES

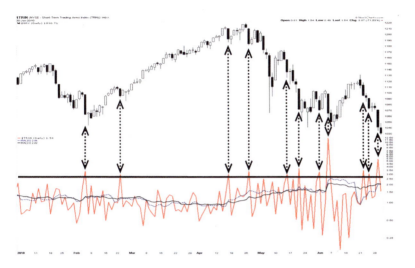

Abb. 16: Tageschart des S&P 500 mit Überverkauft-Signalen TRIN

In Abbildung 17 wird die Gegenseite, die Überkauft-Situation, geprüft. Diese Signale können unterstützend für Short-Einstiege genutzt werden. Generiert werden sie durch eine relativ lange weiße Kerze (steigende Tageskerze). In Aufwärtstrends sind die Signale überwiegend fehlerhaft, dafür in Abwärtstrends oder Korrekturphasen eher umsetzbar.

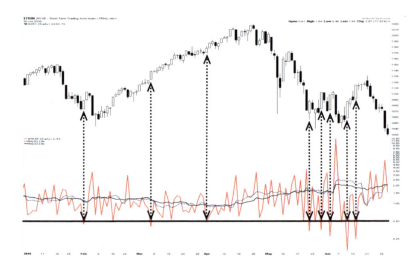

Abb. 17: Tageschart des S&P 500 mit Überkauft-Signalen TRIN

2.4.2 GLÄTTUNG DES TRIN

Um den TRIN für mittelfristige Trends zu nutzen, kann er durch gleitende Durchschnitte geglättet werden. Abbildung 18 zeigt den TRIN, der mittels eines einfachen 50-Tage- (gestrichelte Linie) und 100-Tage-Durchschnitts (durchgezogene Linie) geglättet wurde. Oben wird der S&P 500 gegenübergestellt. Eine Verwendung von exponentiellen oder gewichteten Durchschnitten ist ebenso möglich.

Da es sich beim TRIN grundsätzlich um einen Kontraindikator handelt, sind die gleitenden Durchschnitte gleich zu interpretieren.

Wichtig ist auch hier, zu wissen, wie der Indikator durch seine Berechnung verändert wird. Die gleitenden Durchschnitte steigen schneller, als sie fallen, da bei steigenden Kursen der TRIN einen Wert in Richtung 0 annimmt und bei fallenden Kursen weit über 1 steigt.

MARKTBREITE-INDIKATOREN: DER BLICK INS INNERE DES AKTIENMARKTES

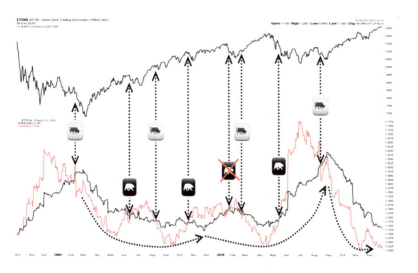

Abb. 18: Tageschart des S&P 500 mit 50- und 100-Tage-Durchschnitt des TRIN

Die Signale in Abbildung 18 entstanden durch Kreuzung des kurzfristigeren 50-Tage-Durchschnitts mit dem 100-Tage-Durchschnitt des TRIN. Das erste bullishe Signal wurde noch im Abwärtstrend 2009 erzeugt. Das Innere des Marktes drehte bereits, während der Index in der Spitze nochmals gute 15 Prozent verlor. Danach drehte der Trend, was durch den Indikator in geglätteter Form vorweggenommen wurde. Die beiden Durchschnitte führten ihren fallenden Trend fort und bestätigten damit die Aufwärtsbewegung im Index.

Das erste bearishe Signal wurde im Juni 2009 generiert, als der 50-Tage-Durchschnitt den 100-Tage-Durchschnitt von unten nach oben kreuzte. Der Index befand sich in einer kurzfristigen Konsolidierung und fiel um weitere 4,7 % nach dem Signal und brauchte zwei Monate, bis er seinen Aufwärtstrend fortführen konnte. Diese Abfolge an Signalen wiederholte sich noch zwei Mal – ein bearishes Signal, als die Kurse bereits leicht gefallen waren, danach fielen die Kurse nochmals deutlich. Ein bullishes Signal folgte, als der Trend bereits fortgeführt war. In der Summe reagierte der Indikator bis auf das erste bullishe Signal zeitverzögert.

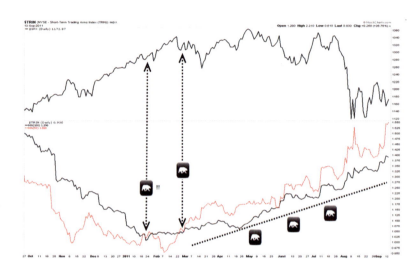

Abb. 19: Tageschart des S&P 500 mit 50- und 100-Tage-Durchschnitt des TRIN

Abbildung 19 zeigt den Indikator im Zeitraum von September 2010 bis September 2011. Bereits Anfang 2011 veränderte sich etwas im Inneren des Marktes. Die geglätteten Durchschnitte des TRIN begannen zu drehen. Es wurden zwei Signale generiert, die auf die Schwäche des Marktes hinwiesen. Der Index verlor an Momentum und begann über mehrere Monate zu konsolidieren.

In dieser Zeit schritt die Veränderung im Inneren des Marktes voran und der Indikator stieg und stieg, was bearish zu interpretieren ist. In Verbindung mit einfacher Trendanalyse konnte man beim Bruch der Unterstützungslinie hervorragend von fallenden Kursen ausgehen.

MARKTBREITE-INDIKATOREN: DER BLICK INS INNERE DES AKTIENMARKTES

2.4.3 TRIN VARIATION

Wie bereits erwähnt ist der TRIN ein Marktbreite-Indikator, der als Entscheidungshilfe für Day-Trader oder durch die Ergänzung von gleitenden Durchschnitten für Swing-Trader geeignet ist.

Als Kontraindikator beziehungsweise Bestätigungsindikator möchte ich Ihnen eine weitere Variante vorstellen, die meines Erachtens besonders für den langfristigen Vergleich herangezogen werden kann.

Ich habe dabei lediglich das AD-Ratio (alternativ) / AD-Volume-Ratio verwendet. Die Resultate sind klare Ausschläge, die als Bestätigung für extreme Ausverkäufe verwendet werden können. Jedoch hilft das nicht für das Timing und der Indikator lässt auch nicht erkennen, ob es sich nur um ein Tief im Trend oder um einen Wendepunkt handelt. Nichtsdestotrotz werden brauchbare Resultate erzielt, denn auf jeden extremen Ausschlag folgte eine mehrtägige beziehungsweise mehrwöchige Gegenbewegung. Nutzt man dies in Verbindung mit der Trend- und/oder Formationsanalyse, filtert solch ein Indikator die Ergebnisse und ergänzt dadurch eine Handelsstrategie.

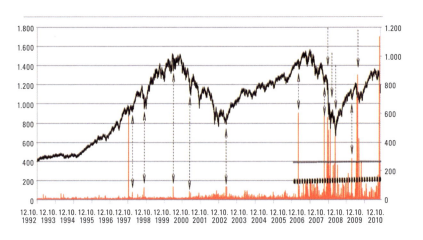

Abb. 20: Tageschart des S&P 500 mit Überkauft-Signalen TRIN Variation 1992 - 2011

2.4.4 FAZIT

Nutzen Sie als mittel- bis langfristig orientierter Trader beziehungsweise Investor den geglätteten TRIN als zusätzliche Entscheidungshilfe. Er zeigt Ihnen besonders bei langfristigen Verläufen ein Markthoch an und generiert damit ein Signal, wenn sich der Markt im Inneren verändert und im Gesamtbild zu kippen beginnt. Die Nutzung von 50-Tage- und 100-Tage-Durchschnitten empfiehlt sich als gute Einstellung. Vergessen Sie nicht, der TRIN ist ein Kontraindikator. Verwenden Sie ihn nicht als alleinige Entscheidungsgrundlage.

2.5 HIGH-LOW INDEX

Bei allen vorgestellten Indikatoren kam es auf die Handelsaktivität an – wie viele Aktien wurden zu einem höheren Kurs gehandelt – oder es wurde das Volumen berücksichtigt. Eine andere Möglichkeit ist, zu untersuchen, wie viele Aktien eines Index oder Marktes ein neues Hoch oder Tief ausgebildet haben. Berücksichtigt werden dabei Aktien, die ihre 52-Wochen-Hoch- oder -Tiefpunkte erreichen.

Die entsprechenden Daten werden auf täglicher oder wöchentlicher Basis von den Börsen selber oder von Chartsoftware-Programmen geliefert. Das Datenangebot für amerikanische Märkte reicht vom Dow Jones 30 bis zum Gesamtmarkt der NYSE. Auch hier gilt: Je mehr Aktien zur Berechnung herangezogen werden, desto besser wird der Markt für Aktien dargestellt. Dies ermöglicht einen Vergleich zwischen dem Index und dessen eigenem „Inneren".

In den folgenden Abgleichen wird der S&P 500 Index mit der Marktbreite der NYSE dargestellt.

BERECHNUNG

Die klassische Berechnung basiert auf neuen Hochs und Tiefs der letzten 52 Wochen. Die neuen Hochs werden dann ins Verhältnis zu der Gesamtsumme aus neuen Hochs und Tiefs gesetzt.

$$\text{High-Low Index:} \quad \frac{\text{neue Hochs}}{(\text{neue Hochs} + \text{neue Tiefs})} * 100$$

Auch bei diesem Indikator ist es wichtig, seine Berechnung zu kennen. Es reicht nicht aus, zu wissen, dass ein Wert von 60 bedeutet, dass es mehr neue Hochs als Tiefs gibt. Wichtig ist auch, wie dieser Wert zustande kommt. Es reichen beispielsweise sechs neue Hochs und vier neue Tiefs, um den Indikator auf einen Wert von 60 zu bringen. Der Wert von 100 kann bereits durch ein neues Hoch ausgelöst werden, wenn keine neuen Tiefs erreicht werden.

Ein kurzer Blick auf die tägliche Liste der neuen Hochs und Tiefs kann hilfreich sein. Kritisch sollte geprüft werden, wie viele Werte zur Berechnung beitragen und ob „Schwergewichte" oder bestimmte Branchen beteiligt sind. Natürlich kann auch ein Abgleich mit den bereits vorgestellten Indikatoren schnell bestätigende oder warnende Informationen liefern.

2.5.1 INTERPRETATION UND ANWENDUNG

Der Indikator fluktuiert zwischen 0 bis 100 und nutzt die Bandbreite voll aus. Das Fundament ist bullish zu werten, wenn der Indikator einen Wert über 50 annimmt. Werte über 70 bestätigen einen gesunden Aufwärtstrend, der aus neuen Hochs in der Breite resultiert.

Bearish sind Werte unter 50, was bedeutet, dass mehr neue Tiefs als neue Hochs ausgebildet wurden. Ein intakter Abwärtstrend wird durch Werte unter 30 bestätigt. Neben der Bestätigung von Trends kann der Indikator auch zur Identifizierung von bullishen und bearishen Divergenzen zwischen der Marktbreite und der Entwicklung des Index verwendet werden.

2.5.2 BULLISHE DIVERGENZ UND TRENDBESTÄTIGUNG

Abb. 21: Tageschart des S&P 500 mit bullishen Divergenzen des High-Low Index

Der Chart zeigt den S&P 500 (oben) von Januar bis Juni 2003, zum Abgleich der High-Low Index (unten). Im März bildete sich im Index ein tieferes Tief aus. Der Markt befand sich in einem intakten Abwärtstrend seit 2000.

Bei einer Handelsstrategie, die besagt, man solle dem Trend folgen, hätte man bei einem Bruch der letzten Unterstützung im Februar von fallenden Kursen ausgehen müssen. Ein Abgleich mit der Marktbreite hätte die Veränderung des Inneren des Marktes signalisiert.

Die neuen Tiefs haben bereits abgenommen und der Indikator hat eine kleine bullishe Divergenz ausgebildet. Nach dem Tief im Index drehte der Markt und ein neuer Aufwärtstrend etablierte sich. Dieser wurde durch einen Wert über 50 und ein anschließendes „Aufstauen" auf einem Extremniveau bestätigt.

2.5.3 TRENDWECHSEL

Bei mittelfristigen Trendwechseln kann ein Blick in das Innere des Marktes mittels des High-Low Index aufschlussreich sein. Vollzieht sich ein Trendwechsel, reagieren nicht alle Aktien im Markt oder Index gleichzeitig, sondern zyklische Branchen beginnen den Trend und nichtzyklische Branchen folgen mit einer gewissen Zeitverzögerung. Eine Bestätigung durch den Indikator erfolgt meist nach längeren Baisse-Phasen, einhergehend mit einer „wilden" Schwankung zwischen den Extremzonen.

Abb. 22: Tageschart des S&P 500 und „wilde" Schwankungen im High-Low Index, mit 50-Tage-Durchschnitt

So geschehen im Trendwechsel 2009, als der Gesamtmarkt ausverkauft war und seine Tiefs im März 2009 ausbildete. Zu diesem Zeitpunkt wurde der Abwärtstrend durch den Indikator bestätigt, da er sich in der unteren Zone zwischen 0 und 30 „staute". Das bedeutete nichts anderes, als dass „fast keine" Aktien ein neues Hoch ausbildeten im Vergleich zu den neuen 52-Wochen Tiefs im Gesamtmarkt der NYSE.

Im März startete der neue Trend, welcher auch nur ein Pullback beziehungsweise eine normale Gegenbewegung hätte sein können. Der Indikator schwanke mehrmals zwischen seinen Extremwerten, um dann tendenziell zu steigen. Die gestrichelte Linie stellt den einfachen gleitenden 50-Tage-Durchschnitt des High-Low Index dar, der den Aufwärtstrend des Index etwas klarer bestätigt.

2.5.4 BEARISHE DIVERGENZ

Bildet sich ein neues Hoch in einem Index aus, sollte dieses durch ein höheres Hoch im Indikator bestätigt werden. Ist dies nicht der Fall, sondern bildet der Indikator ein tieferes Hoch aus, deutet dies auf Schwäche im Markt hin. Solche Divergenzen treten an Hochpunkten selten oder zu spät auf, was wiederum auf die Berechnung zurückzuführen ist.

2.5.5 GLEITENDE DURCHSCHNITTE DES HIGH-LOW INDEX

Wie bereits in Abbildung 22 gezeigt, ist es sinnvoll, die starken Ausschläge zu glätten, da Trends dann klarer zu erkennen sind. Die Glättung kann mittels aller Durchschnittsmethoden erfolgen. In den folgenden Darstellungen wird der einfache gleitende 50-Tage-Durchschnitt verwendet. Auch nach der Bildung einer Glättung kann man sich auf den Indikator alleine nicht verlassen und sollte ihn deshalb in Verbindung mit anderen Methoden der Technischen Analyse verwenden. In Abbildung 23 erfolgt ein Abgleich des S&P 500 (oben) und des gleitenden 100-Tage-Durchschnitts des High-Low Index (unten).

MARKTBREITE-INDIKATOREN: DER BLICK INS INNERE DES AKTIENMARKTES

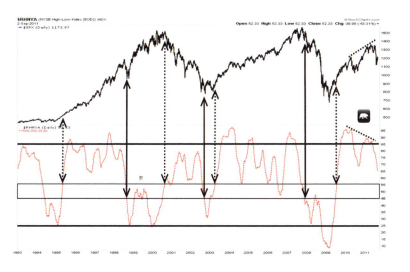

Abb. 23: Tageschart des S&P 500 mit 100-Tage-Durchschnitt des High-Low Index

Aufgrund der Entwicklung der letzten 20 Jahre ist die wichtige 50er-Marke um fünf nach oben und unten erweitert worden. Ähnlich wie bei der AD-Line kam es bei diesem Indikator zur Abweichung von 1998 bis 2000. Als der Index in einem starken Aufwärtstrend bis Anfang 2000 permanent neue Hochs ausbildete, fiel der Indikator und signalisierte ein schwaches Fundament.

Hätte man seine Handelsentscheidung alleine auf den Indikator gestützt, wäre man zwar in der Mitte der Korrektur ausgestiegen, hätte aber für einen Wiedereinstieg keinen nachhaltigen Wert über 50 erhalten. Nachdem der S&P 500 die Korrektur beendet und sein letztes Hoch überstiegen hatte, stieg er nochmals 25 % bis zu seinem Hoch Anfang 2000, während der Indikator permanent eine Warnung signalisierte.

Bei den Signalen in 2000 und 2002 handelte es sich um Fehlsignale. Hätte man auch hier rein nach dem Indikator gehandelt, wäre man fast am Hochpunkt 2000 im Index eingestiegen und fast im Tiefpunkt 2002 ausgestiegen.

Ein gutes Signal wurde nach der Baisse 2007 - 2009 generiert. Der Indikator bildete ein historisches Tief aus und bestätigte den Aufwärtstrend zeitnah mit einem Wert über 55. Das letzte Hoch in 2011 wird durch eine bearishe Divergenz im Indikator begleitet.

2.5.6 FAZIT

Nutzen Sie den High-Low Index, um mittelfristige Trends abzugleichen. Wie entwickeln sich die 52-Wochen-Hochs oder -Tiefs im Vergleich zum Trend? Prüfen Sie bei kleinen Korrekturen, ob der Indikator bullishe Divergenzen ausbildet. Achten Sie auf wilde Schwankungen von der einen in die andere Extremzone, es könnte eine Trendwende anstehen, besonders nach längeren Baissen. Achten Sie auf Stauungen in den Extrembereichen, dies bestätigt den vorherrschenden Trend. Eine zusätzliche Bildung von gleitenden Durchschnitten macht die Analyse leichter.

2.6 NEW HIGHS – NEW LOWS

Die Berechnungsdaten sind die gleichen wie beim High-Low Index, die Berechnung ist jedoch einfacher. Es werden die neuen 52-Wochen-Tiefs von den neuen 52-Wochen-Hochs subtrahiert. Das Ergebnis kann in zwei Varianten dargestellt werden: Zum einen die tägliche Nettoveränderung, die als Oszillator verwendet werden kann, zum anderen durch tägliche Kumulation, wie bei der Advance-Decline-Line, als eigene Linie.

2.6.1 NET-NEW-HIGHS-OSZILLATOR

Der Oszillator fluktuiert um die Nulllinie und zeigt die Nettoveränderung an neuen 52-Wochen-Hochs eines Index oder Marktes.

MARKTBREITE-INDIKATOREN: DER BLICK INS INNERE DES AKTIENMARKTES

BERECHNUNG

Net New Highs = Neue 52-Wochen-Hochs - Neue 52-Wochen-Tiefs

2.6.2 INTERPRETATION UND ANWENDUNG

Abb. 24: Tageschart des S&P 500 mit gleitendem 21-Tage-Durchschnitt des Net New Highs

Abbildung 24 zeigt den S&P 500 mit den Net New Highs. Da der Indikator erratische Schwankungen aufweist, wurde er mit einem einfachen gleitenden Durchschnitt geglättet. Die gestrichelte Linie ist die Nulllinie und dient als Signalgeber.

Die Situation ist bullish zu werten, wenn sich der Indikator über der Nulllinie befindet. Der Indikator sagt dann aus, dass im Durchschnitt mehr Aktien ein 52-Wochen-Hoch als ein 52-Wochen-Tief ausgebildet haben. Umgekehrt ist die Situation bearish, wenn der Wert des Indikators unter die Nulllinie fällt.

Wie bei allen Marktbreite-Indikatoren ist ein alleiniges Handeln auf Basis der Signale nicht empfehlenswert. Das erste bearishe Signal im Juli 2007 kündige Schwäche im Fundament des Aufwärtstrends seit 2003 an. Das darauf folgende bullishe Signal brachte wenige Vorteile. Der S&P 500 erreichte zwar sein Allzeithoch im Oktober, dieses wurde jedoch von weniger Hochs begleitet und der Index drehte ein weiteres Mal nach unten.

Bevor der Index in den Jahren 2008 und 2009 massiv einbrach, wurden im Pullback nach oben nochmals ein bullishes und ein bearishes Signal geniert. Das Ergebnis war, dass das bearishe Signal vor der großen Bewegung nach unten den Anleger vor Verlusten geschützt hätte.

Bereits am Tief des Index verändert sich das Fundament, es werden wieder mehr neue Hochs ausgebildet. Einige Aktien haben zu drehen begonnen und heben den Indikator. Ein bullishes Signal wird erst im Juli 2009, vier Monate nach dem Tief im Index, erzeugt. Der neue Aufwärtstrend geht einher mit neuen 52-Wochen-Hochs und wird dadurch bestätigt. Die neuen Hochs im Index im Jahre 2011 werden von bearishen Divergenzen begleitet. Wurde diese Warnung beachtet, haben engere Stopps, Zurückhaltung bei neuen Long-Positionen und/oder die Positionierung auf fallende Kurse das Handeln einfacher gemacht.

Weitere Verkaufssignale lieferten der Bruch des mittelfristigen Aufwärtstrends und eine große Schulter-Kopf-Schulter-Formation (SKS).

2.6.3 NET NEW HIGHS LINE

Die Ergebnisse des Net New Highs werden einfach kumuliert fortgeführt. Daraus entsteht eine eigene Trendlinie. Der Wert des Indikators hat keine Aussagekraft. Zu analysieren ist die Neigung und die Richtung der Linie.

BERECHNUNG

Net New Highs Line =

(Neue Hochs - Neue Tiefs) + kumulierter Wert vom Vortag

2.6.4 INTERPRETATION UND ANWENDUNG

Abbildung 25 zeigt den langfristigen Abgleich zwischen dem S&P 500 und der Net New Highs Line. Diese wurde um einen einfachen gleitenden 200-Tage-Durchschnitt (gepunktete Linie) des Indikators erweitert.

Abb. 25: Tageschart des S&P 500 mit Net New Highs Line und einfachem gleitenden 200-Tage-Durchschnitt

Ein bullishes Signal wird erzeugt, wenn die schnellere Net New Highs Line ihren 200-Tage-Durchschnitt von unten nach oben kreuzt. In den letzten 20 Jahren wurden bei dieser langfristigen Einstellung lediglich acht Signale generiert.

Drei der Signale erwiesen sich als brauchbar und wurden am Beginn der „großen Trends" generiert. Jedoch musste die Verzögerung von einem bis vier Monaten berücksichtigt werden. Lediglich ein Fehlsignal im Juli 2000 hätte eine Long-Positionierung unterstützt und das am Anfang des Abwärtstrends von 2000 bis 2002. In diesem Zeitraum kam es auch bei den anderen Marktbreite-Indikatoren zu Fehlsignalen.

Die bearishen Signale treten im Vergleich dazu ganz unterschiedlich auf. Das erste und zweite bearishe Signal erfolgte am Ende einer Korrektur und hatte somit eher Bestätigungscharakter. Das dritte Signal erfolgte nahe am Wendepunkt vom Abwärtstrend zum Aufwärtstrend im Jahre 2002. Das beste Signal war das vierte, welches kurz nach Ausbildung des Allzeithochs im Index generiert wurde und frühzeitig warnte.

Abb. 26: Tageschart des S&P 500 mit New Highs Line (gestrichelt) und Glättung durch einfachen gleitenden 10-Tage-Durchschnitt

Eine Analyse mittels kurzfristigerer Durchschnitte ist ebenso möglich. Es sollte jedoch für jede Zeitebene genauestens geprüft werden, wann sie aussagekräftig waren und mit welcher Zeitverzögerung Änderungen im Markt angezeigt wurden.

Als Beispiel für die kurzfristigere Anwendung dient Abbildung 26. Der S&P 500 befand sich im Endstadium der Baisse von 2000 bis 2003. Der letzte Ausverkauf von Ende Juli wurde Anfang Oktober nochmals getestet. Die New Highs Line wird zusätzlich durch einen einfachen gleitenden 10-Tage-Durchschnitt dargestellt, welcher als Signalgeber genutzt wird.

Schneidet die schnellere New Highs Line ihren Durchschnitt von unten nach oben, ist dies als bullish zu interpretieren. Umgekehrt entsteht ein bearishes Signal, wenn die Kreuzung von oben nach unten erfolgt.

Das erste bullishe Signal wurde nicht umgesetzt, da der übergeordnete Trend des S&P 500 immer noch abwärts gerichtet war. Zu diesem Zeitpunkt konnte man eine W-Formation erwarten. Um diese Formation als Trendwende zu interpretieren und auf steigende Kurse zu setzen, hätte ein Ausbruch über die gestrichelte Linie (Verbindung der letzten beiden Hochs) erfolgen müssen. Dies ist jedoch nicht erfolgt und das erste Signal fand somit keine Beachtung.

Beim zweiten Signal kam es zu einer weiteren bullishen Kreuzung. Eine offensive Strategie in Verbindung mit dem bullishen Keil hätte hier einen Einstieg erlaubt. Der Stopp wäre unter die schwarze Bodenlinie der Formation gesetzt worden. Ein Ausbruch hätte die Wahrscheinlichkeit weiter steigender Kurse erhöht. Der steile Anstieg des Indikators und dessen Durchschnitt bestätigten den Ausbruch aus der Formation.

Beispiele für eine bearishe Divergenz sind in den folgenden Abbildungen zu sehen.

Der Abgleich in Abbildung 27 zeigt den S&P 500 mit der New Highs Line (gestrichelt), geglättet mittels eines einfachen gleitenden

50-Tage-Durchschnitts. Der Index bildete bei Punkt 1 ein Hoch aus. Der Indikator brach seinen gleitenden Durchschnitt, was als Unterstützung eines Verkaufssignals zu werten war.

Nach erfolgreich signalisierter Schwäche erzeugte der Indikator bei Punkt 2 ein neues Kaufsignal und eine große bearishe Divergenz bei Punkt 3, als der Index ein neues Hoch erreichte.

Abb. 27: Tageschart des S&P 500 mit 10-Tage-Durchschnitt der New Highs Line

Die weitere Entwicklung des Index wurde vom Indikator mit bearishen Signalen begleitet.

Abbildung 28 zeigt den gleichen Indikator mit gleicher Einstellung. Der Index (oben) startete immer wieder Gegenbewegungen nach oben, der Indikator (unten) bewegte sich in diesen Phasen bestenfalls seitwärts.

MARKTBREITE-INDIKATOREN: DER BLICK INS INNERE DES AKTIENMARKTES

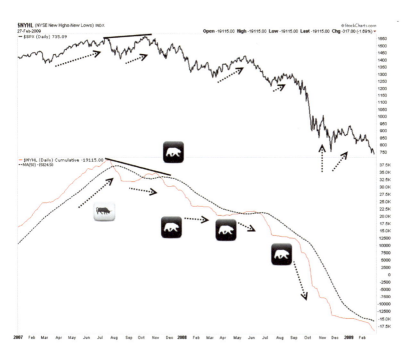

Abb. 28: Tageschart des S&P 500 mit Net New Highs Line und einfachem gleitenden 50-Tage-Durchschnitt

2.6.5 NET NEW HIGHS RATIO

Das Ratio aus neuen 52-Wochen-Hochs und -Tiefs ist ein gutes Hilfsmittel, um mittel- bis langfristige Divergenzen im Gesamtmarkt zu identifizieren.

BERECHNUNG

Net New Highs Ratio = neue Hochs / neue Tiefs

2.6.6 INTERPRETATION UND ANWENDUNG

Je höher der Indikator steigt, umso mehr übersteigt die Anzahl der neuen 52-Wochen-Hochs die der 52-Wochen-Tiefs. Je höher also der Wert, umso bullisher ist die Situation im Inneren des Marktes. Je niedriger der Wert, umso bearisher ist die Situation zu werten, da immer weniger Werte signifikant steigen.

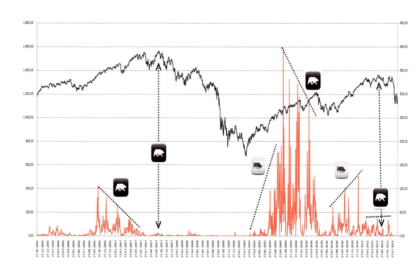

Abb. 29: Tageschart des S&P 500 mit 100-Tage-Durchschnitt des High-Low Index

Abbildung 29 zeigt die Entwicklung des S&P 500 von Oktober 2005 bis September 2011. Der Index befand sich von Ende 2002 bis 2007/2008 in einer breit angelegten Hausse. Der letzte steile Aufwärtstrend in dieser Hausse fand 2007 statt, das Ratio signalisierte bereits eine bearishe Divergenz. 2007 bis 2008 zeichnete sich eine Seitwärtsbewegung ab, der Index bildete sein Allzeithoch aus, der Indikator befand sich bereits auf niedrigstem Niveau.

MARKTBREITE-INDIKATOREN: DER BLICK INS INNERE DES AKTIENMARKTES

Das bullishe Signal im Aufwärtstrend 2009 ist aufgrund der eineinhalbjährigen Baisse nicht verwunderlich. Die Signalgebung erfolgte zeitlich sehr spät, was dieses Signal als Trendbestätiger charakterisiert.

Die bearishe Divergenz im Jahr 2010 war besonders vor der Ausbildung der neuen Hochs signifikant und bereitete Anleger auf eine bevorstehende Marktschwäche oder Trendwende vor. Der letzte kurzfristige Aufwärtstrend wurde früh von einem positiv laufenden Gesamtmarkt durch die bullishen Ausschläge des Indikators bestätigt.

Eindeutig und bearish ist die Divergenz im Jahr 2011. Der S&P 500 bildete neue Hochs aus, während der Indikator auf die Schwäche im Fundament hinweist.

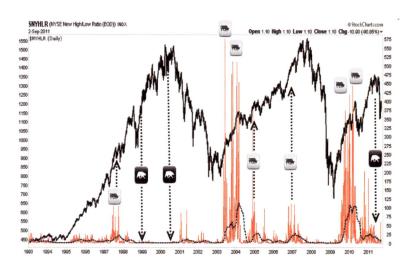

Abb. 30: Tageschart des S&P 500 mit High-Low Ratio und einfachem gleitenden 100-Tage-Durchschnitt

Abbildung 30 zeigt den langfristigen Abgleich und das mittels eines einfachen 100-Tage-Durchschnitts geglättete Ratio. Auffällig wie bei den anderen Marktbreite-Indikatoren ist die große Divergenz ab 1998.

2.6.7 FAZIT

Egal wie die Daten der neuen Hochs und Tiefs verwendet werden: Zu bedenken ist immer, dass es bis zu 52 Wochen dauern kann, bis ein neues Hoch oder Tief zur Berechnung herangezogen wird. Die bullishen Signale weisen mit den vorgestellten Einstellungen zeitliche Verzögerungen auf. Diese Signale sollten zur Bestätigung von Trends interpretiert werden, dienen jedoch weniger für das Timing.

Beachten Sie umso mehr die bearishen Signale. Wenn ein Trend die Kurse schon weit geführt hat, erhöht sich die Gefahr von größer ausfallenden Korrekturen oder eines Trendwechsels. Besonders wenn neue Hochs im Index, nach Seitwärtstrends von einigen Wochen bis Monaten, ausgebildet werden und bearishe Signale entstehen, sollten Sie sich auf schnelle Bewegungen vorbereiten und Ihr Handeln planen. Hinzukommen sollte die Formationsanalyse oder die Identifizierung von wichtigen Unterstützungszonen.

2.7 PERCENT ABOVE MOVING AVERAGE

Dieser Marktbreite-Indikator ist sehr einfach. Er gibt einen Überblick, wie viele Aktien aus einem Index oder Markt über ihrem eigenen 50-Tage-Durchschnitt notieren. Verwendet wird in der Regel ein einfacher gleitender Durchschnitt für die kurzfristige Analyse der Marktbreite. Für einen längerfristigen Abgleich können auch längere Durchschnitte wie der 200-Tage-Durchschnitt angewendet werden. Der Percent Above Moving Average kann auf verschiedene Arten genutzt werden: zur Erkennung von Überkauft- oder Überverkauft-Situationen, als Signalgeber bei Über- oder Unterschreiten der 50-%-Zone oder für bullishe und bearishe Divergenzen.

MARKTBREITE-INDIKATOREN: DER BLICK INS INNERE DES AKTIENMARKTES

BERECHNUNG

Um eine aussagekräftige Berechnungsbasis für die Marktbreite zu erhalten, sollten eher Indizes mit 100 oder mehr Werten herangezogen werden, beispielsweise der S&P 500 oder ein ganzer Markt wie die NYSE.

$$\text{Percent Above Moving Average} = \frac{\text{Anzahl der Aktien über ihrem gleitenden 50-Tage-Durchschnitt}}{\text{Gesamtzahl der Aktien im Index (oder Markt)}}$$

2.7.1 INTERPRETATION UND ANWENDUNG

Der Indikator gibt Auskunft darüber, wie viel Prozent der Aktien eines Index oder Marktes über ihrem gleitenden 50-Tage-Durchschnitt notieren. Der Marktbreite-Indikator ist bullish, wenn er einen Wert über 50 % annimmt. Anders ausgedrückt: Über die Hälfte der Aktien liegen über ihrem Durchschnitt. Ein Aufwärtstrend oder Ausbruch nach oben sollte durch einen Indikator-Wert über 50 % bestätigt werden.

Umgekehrt ist ein Wert unter 50 % als bearish anzusehen. Etabliert sich ein Aufwärtstrend oder ein Ausbruch nach oben, der von einem niedrigen Wert im Indikator begleitet wird, ist Vorsicht geboten. In der Breite signalisiert der Markt Schwäche und die Bewegung ist eher auf die Schwergewichte zurückzuführen.

Eine weitere Möglichkeit, den Indikator zu nutzen, liegt darin, Überkauft- oder Überverkauft-Situationen zu erkennen. Ein Überkauft-Signal entsteht, wenn der Indikator ein Niveau von 70 bis 100 % erreicht, also alle oder fast alle Aktien über ihrem gleitenden Durchschnitt notieren. Umgekehrt ist die Zone von 30 bis 0 % als Überverkauft-Situation zu bewerten.

Je nachdem, welchen Markt oder Index man zur Berechnung verwendet, ist die obere und untere Extremzone festzulegen. Der verwendete Index spielt deshalb eine wichtige Rolle, da wie etwa beim

„Dow Jones 30" alle enthaltenen Werte leichter gleichlaufen. Dieser Gleichlauf bringt den Indikator leichter beziehungsweise schneller in die Extremzonen. Die Anwendung eines breiteren Index wie dem S&P 500 ist deshalb sinnvoller, da ein Gleichlauf aller 500 Aktien eher unwahrscheinlich ist.

Die dritte Anwendung ist die Identifizierung von bullishen und bearishen Divergenzen. Diese wurden in den bereits vorgestellten Marktbreite-Indikatoren ausführlich erläutert. Sie deuten oft im Voraus Trendwechsel beziehungsweise Korrekturen an und sollten auf jeden Fall Beachtung finden.

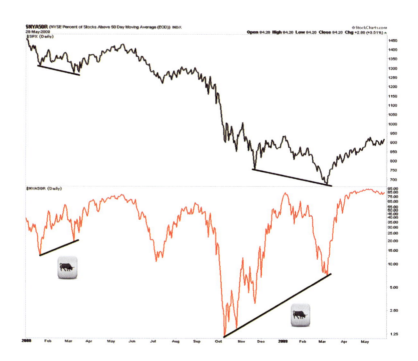

Abb. 31: Tageschart des S&P 500 mit NYSE Percent Above 50 Day Moving Average

Abbildung 31 zeigt eine kleine und eine große bullishe Divergenz im NYSE Percent Above 50 Day Moving Average (unten). Im Februar 2008 bildete der im Abwärtstrend befindliche S&P 500 ein neues Tief aus. Der Indikator bildete ebenfalls ein Tief aus, jedoch ein höheres, was als bullishe Divergenz zu werten ist.

Nach der kleinen M-Formation (Kasten) im Index startete er eine 15-%-Aufwärtsbewegung gegen den vorherrschenden Abwärtstrend. Die große bullishe Divergenz bildete sich im Trendwechsel vom Abwärts- zum Aufwärtstrend von Oktober 2008 bis März 2009. Wie in anderen Beispielen bereits gezeigt, bildete der Index sein tieferes Tief im Jahr 2009 aus, während Marktbreite-Indikatoren bereits drehten. Um die Divergenz besser herauszustellen, wird hier eine logarithmische Skalierung genutzt.

2.7.2 50-%-ZONE ALS SIGNALGEBER

Die 50-%-Zone dient als Signalgeber. Abbildung 32 zeigt den S&P 500 im Abgleich mit dem Indikator Percent Above 50 Day Moving Average und einer zusätzlichen Glättung mittels eines einfachen gleitenden 10-Tage-Durchschnitts. Dieser wird bei Kreuzung mit der 50-%-Zone als Signalgeber genutzt.

Bullish ist eine Kreuzung von unten nach oben, bearish eine Kreuzung von oben nach unten zu interpretieren.

Das erste bearishe Signal entstand nach einer Korrektur im Index und hätte keine weiteren Vorteile gebracht. Das folgende bullishe Signal diente, in Verbindung mit der Trendanalyse, als gute Bestätigung für einen Wiedereinstieg in den übergeordneten Aufwärtstrend.

Das neue Hoch im Index ging nicht einher mit neuen Hochs im Indikator und ist somit mit einer bearishen Divergenz unterlegt, welche bereits zur Vorsicht mahnte. Der kurzfristige Aufwärtstrend im Index brach und kurz darauf wurde die 50-%-Zone erneut unterschritten.

Das bullishe Signal bei Punkt 5 hatte nur eine kurzfristige Wirkung. Das bearishe Signal bei Punkt 6, wiederum in Verbindung

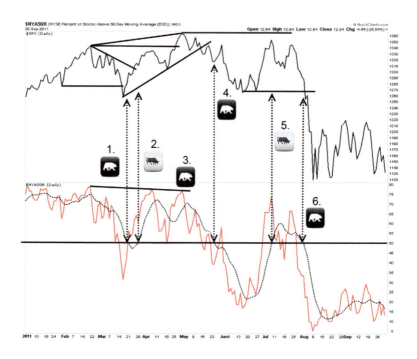

Abb. 32: Tageschart des S&P 500 mit des NYSE Percent Above 50 Day Moving Average und einfachem gleitenden 10-Tage-Durchschnitt bei Topbildungsphase

mit dem Bruch der Unterstützungslinie im Index, diente als gute Bestätigung.

Die Aussagekraft der Signale ist sehr unterschiedlich, was das Handeln erschwert. Bei hoher Volatilität oder längerfristigen Top- oder Bodenbildungen ist der Indikator in dieser Einstellung eher mit Vorsicht anzuwenden.

Bessere Signale liefert die 50-%-Zone bei einem etablierten Trend, wie Abbildung 33 zeigt. Der Index befand sich in einem klaren Aufwärtstrend. Die zwei Korrekturen erzeugten jeweils ein bearishes Signal. Diese Signale sind im Rückblick problemlos als bloße Warnung

MARKTBREITE-INDIKATOREN: DER BLICK INS INNERE DES AKTIENMARKTES

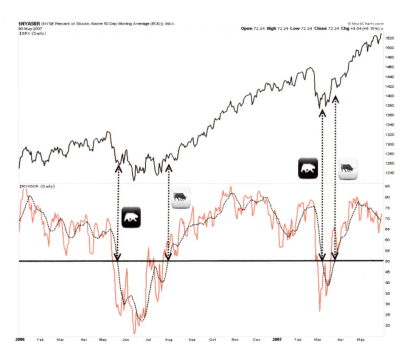

Abb. 33: Tageschart des S&P 500 mit dem NYSE Percent Above 50 Day Moving Average und dessen 10-Tage-Durchschnitt im Aufwärtstrend

zu interpretieren. Bei ihrem Auftreten sollte jedoch immer eine Trendumkehr oder eine größere Korrektur als mögliches Szenario einkalkuliert werden. Die bullishen Signale durch den Bruch der 50-%-Zone wurden frühzeitig erzeugt, bevor der Aufwärtstrend nachhaltig weitergeführt wurde.

2.7.3 GLEITENDER DURCHSCHNITT DES PERCENT ABOVE 200 DAY MOVING AVERAGE

Um den Indikator auf die problematischen längerfristigen Top- und Bodenbildungen anzuwenden, ist die Nutzung von längeren

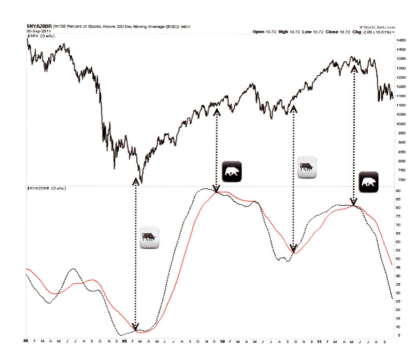

Abb. 34: Tageschart des S&P 500 mit 100- und 50-Tage-Durchschnitt des NYSE Percent Above 200 Day Moving Average

Durchschnitten empfehlenswert. Gute Signale erhält man, indem man die Berechnung auf die Aktien, die über ihrem 200-Tage Durchschnitt liegen, anwendet. In Abbildung 34 werden diese zusätzlich mittels eines 100-Tage- und eines 50-Tage-Durchschnitts geglättet. Aufgrund der Übersichtlichkeit werden nur diese abgebildet.

Ein bullishes Signal entsteht, wenn der 50-Tage Durchschnitt (durchgezogene Linie) den 100-Tage-Durchschnitt (gestrichelte Linie) des Indikators von unten nach oben durchbricht. Umgekehrt entsteht ein bearishes Signal, wenn der Bruch von oben nach unten erfolgt.

Das erste bullishe Signal wurde vor der Bodenbildung des Index Anfang 2009 geniert. Bevor der Index 2010 in eine mehrmonatige Seitwärtsphase überging, folgte ein bearishes Signal. Ein möglicher Wiedereinstieg wurde frühzeitig durch das bullishe Signal im Oktober 2010 unterstützt. Obwohl der Index im Mai 2011 sein mittelfristiges Top erreichte, drehte der Indikator und warnte frühzeitig. Ebenso ging das neue Hoch im Index nicht einher mit einer vergleichbaren Marktbreite zur Aufwärtsbewegung von 2009 bis 2010.

2.7.4 ÜBERKAUFT- UND ÜBERVERKAUFT-ZONE

Bei einem Wert des Indikators über 70 % befinden sind die meisten Aktien bereits über ihrem 50-Tage-Durchschnitt. Das heißt, die Kurse sind kurzfristig relativ hoch und es kann sein, dass sich weniger Käufer finden beziehungsweise Marktteilnehmer zu Gewinnmitnahmen neigen. Jedoch ist häufig festzustellen, dass Aktien, die über diesem Durchschnittswert notieren, gerade erst interessant werden. Die Chartisten handeln gerne neue Hochs und die Fundamentalisten sehen in der Kursentwicklung eine Bestätigung für eine gesunde Unternehmensentwicklung.

Betrachten wir den Indikator S&P 500 Percent Above 50 Day Moving Average im Vergleich zum S&P 500 Index in Abbildung 35. Auch hier wird zusätzlich eine Glättung, mittels 10-Tage-Durchschnitt, vorgenommen und lediglich diese abgebildet.

Die Überkauft-Signale entstehen mit dem „Eindringen" in die 70-%-Zone. Diese Signale zum Shorten zu nutzen, ist nicht ratsam, da der Index gerade nach diesen Signalen signifikant anstieg. Oft sogar wurden die Signale vor starken kurzfristigen Steigerungen generiert.

Erst bei einem Wert von circa 90 % erfolgte eine bedeutsamere Korrektur, jedoch mit zeitlicher Verzögerung. Die Signale sind also schwer zu interpretieren, da in einem Aufwärtstrend schnell der Eindruck entsteht, dass der Index überkauft ist.

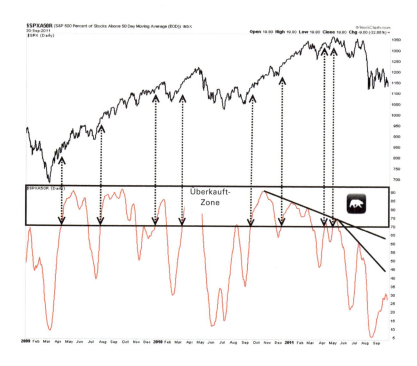

Abb. 35: Tageschart des S&P 500 mit 10-Tage-Durchschnitt des S&P 500 Percent Above 50 Day Moving Average in der Überkauft-Zone

Vielmehr sollten die Signale als Bestätigung für Trendfortsetzungen verstanden werden. Skeptisch sollten neue Hochs im Index gesehen werden, wenn die Aktien im Index nicht in der Breite mitsteigen und keine neuen Hochs ausbilden, wie dies in der bearishen Divergenz in der Topbildungsphase 2011 zu erkennen war. Der Index generierte noch drei neue Hochs, während der Indikator bei jedem nur ein niedrigeres Hoch ausbilden konnte. Man hatte also mehrere Monate Zeit, die Divergenz als Warnung vor einer Veränderung des Marktes in sein Handeln einzubeziehen.

MARKTBREITE-INDIKATOREN: DER BLICK INS INNERE DES AKTIENMARKTES

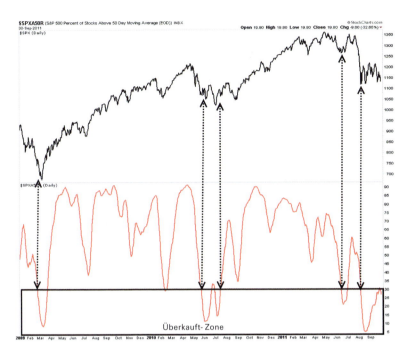

Abb. 36: Tageschart des S&P 500 mit 10-Tage-Durchschnitt des S&P 500 Percent Above 50 Day Moving Average in der Überverkauft-Zone im Aufwärtstrend

Betrachten wir die bearishen Signale in der gleichen Aufwärtsphase. Sie entstehen seltener, sind jedoch aussagekräftiger. Wie Abbildung 36 zeigt, treffen sie wichtige Korrekturtiefs bereits kurz vor Eindringen in die Überverkauft-Zone.

Dass die bullishen Signale in Aufwärtstrends als Entscheidungshilfe nicht gut geeignet sind, verdeutlichte Abbildung 36. In Abbildung 37 werden die bearishen Signale in einem Abwärtstrend aufgezeigt. Ähnlich wie bei den bearishen Signalen im Aufwärtstrend sind die bullishen gut in Abwärtstrends.

Abb. 37: Tageschart des S&P 500 mit 10-Tage-Durchschnitt des S&P 500 Percent Above 50 Day Moving Average in der Überkauft-Zone im Abwärtstrend

Bereits beim Eindringen in die Überkauft-Zone befand sich die Gegenbewegung im Index auf hohem Niveau und war kurz vor dem „Kippen". Spätestens beim Verlassen der Überverkauft-Zone (durchgezogene Pfeile) waren die kurzfristigen Aufwärtstrends gebrochen und konnten lediglich einen Pullback an die Aufwärtstrendlinie ausbilden.

2.7.5 FAZIT

Die drei vorgestellten Möglichkeiten zur Messung der Marktbreite mittels der Aktien, die über ihrem 50-Tage-Durchschnitt liegen, leisten gute Hilfestellung. Für alle Varianten empfiehlt es sich, einen gleitenden Durchschnitt anzuwenden, da der Indikator alleine zu stark osziliert. Im kurzfristigen Zeitrahmen empfiehlt sich eine Glättung mittels eines 10-Tage-Durchschnitts. Achten Sie auf Divergenzen, besonders auf die bearishen. Achten Sie in Aufwärtstrends auf die bearishen Situationen, um vorzeitig Korrekturtiefs zu timen. Nutzen Sie in Abwärtstrends die bullishen Signale, um das Ende einer Gegenbewegung zu identifizieren. Bedenken Sie, dass an mittelfristigen Top- oder Bodenbildungsphasen die Signale schwierig zu interpretieren sind. Nutzen Sie dafür die längerfristige Methode mit den längeren gleitenden Durchschnitten – wie immer nicht als alleiniges Entscheidungskriterium, sondern nur als weiteren Baustein Ihrer Strategie.

2.8 MCCLELLAN-OSZILLATOR

Dieser Marktbreite-Indikator berechnet sich ähnlich wie der MACD. Der MACD ist ein Trendfolge- beziehungsweise Trendstärke-Indikator, der sich aus der Differenz zweier exponentieller Durchschnitte eines Preises berechnet und um eine Signallinie (ein exponentieller Durchschnitt des MACD) ergänzt wird.

Zurück zum McClellan-Oszillator. Dieser wird nicht aus den Durchschnitten des Preises berechnet, sondern aus der Veränderung der AD-Zahlen, konkreter: aus der Nettoveränderung der Anzahl der steigenden und der fallenden Aktien (auf täglicher Basis) eines Index oder Marktes. Daraus wird die Differenz zwischen der 19-Tage-AD-Line und der 39-Tage-AD-Line gebildet.[1]

In der vorliegenden Darstellung beziehe ich Daten und Indikatoren von „stockcharts.com". Diese Berechnung weicht von der klassischen Variante ab, indem erst ein Ratio (RANA = Ratio Adjusted Net Advances) gebildet wird. Diese Adjustierung macht es möglich, den

Marktbreite-Indikator über einen längeren Zeitraum zu vergleichen. Dies hat unter anderem mit der erwähnten Problematik der Veränderung der Anzahl an notierten Aktien zu tun.[2] Somit sind keine „Level-Anpassungen" wie bei den bereits vorgestellten AD-Indikatoren notwendig.

BERECHNUNG[3]

a) RANA: $\frac{\text{(Anzahl gestiegener Aktien - Anzahl gefallener Aktien)}}{\text{(Anzahl gestiegener Aktien + Anzahl gefallener Aktien)}}$

b) McClellan: 19-Tage exponentieller Durchschnitt RANA
- 39-Tage exponentieller Durchschnitt RANA

Bei den bisherigen Marktbreite-Indikatoren wurden immer einfache gleitende Durchschnitte verwendet. Exponentielle Durchschnitte gewichten aktuellere Daten stärker als ältere Daten.

2.8.1 INTERPRETATION UND ANWENDUNG

Der McClellan-Oszillator wird für mehrere Tage bis Wochen verwendet. Es gibt drei Anwendungsmöglichkeiten.

Zunächst haben wir die Nulllinie. Der Indikator nimmt einen Wert von „0" an, wenn sich die Durchschnitte schneiden. Schneidet der schnelle 19-Tage-Durchschnitt den langsameren 39-Tage-Durchschnitt von unten nach oben, ist dies bullish. Stark bullish sind Werte über 50. Wenn der Indikator mehrere Wochen im positiven Bereich bleibt, liegt ein Aufwärtstrend vor. Umgekehrt ist der Indikator bearish, wenn er Werte unter der Nulllinie annimmt. Ein Abwärtstrend wird bestätigt, wenn der Indikator mehrere Wochen im negativen Bereich bleibt.

Der Indikator neigt zu hoher Volatilität, was die Interpretation der Signale erschwert. Die kleinen Kästchen in Abbildung 38 markieren

MARKTBREITE-INDIKATOREN: DER BLICK INS INNERE DES AKTIENMARKTES

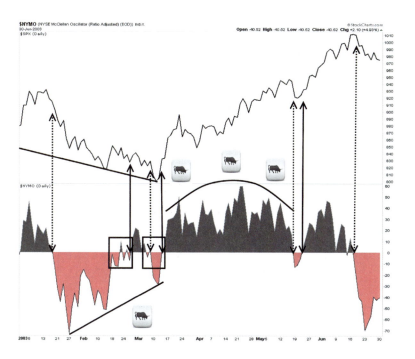

Abb. 38: Tageschart des S&P 500 mit McClellan-Oszillator

Phasen, in denen die Signale schnell von bullish zu bearish wechseln. Die gestrichelten Pfeile zeigen die bearishen, die durchgezogenen Pfeile die bullishen Signale.

In diesem Zeitraum im Jahre 2003 befand sich der S&P 500 in der Trendänderung, von Abwärts- zu Aufwärtstrend. Die Kurse fallen noch, während der Indikator eine bullishe Divergenz ausbildet. Die Divergenzanalyse ist also die zweite Möglichkeit, den Indikator zu verwenden. Divergenzen sind jedoch eher selten und aufgrund der Volatilität des Indikators auch oft fehlerhaft.

Der Indikator bestätigte den neuen Aufwärtstrend mit steigendem Volumen der steigenden Aktien von Anfang März bis Mitte Mai.

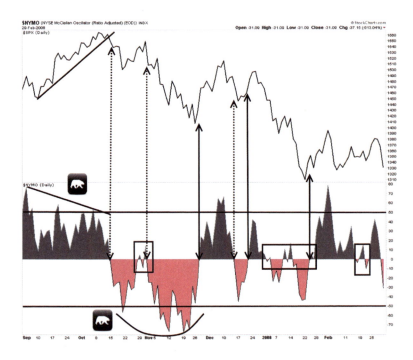

Abb. 39: Tageschart des S&P 500 mit McClellan-Oszillator-Zonen

Abbildung 39 zeigt den Indikator mit dem S&P 500 mit seinem Hoch im Jahr 2007 und den beginnenden Abwärtstrend. Auch hier warnte der Indikator mit einer Divergenz, darauf folgte ein bearishes Signal, gefolgt von einem Fehlsignal, wenn man es streng gehandelt hätte.

Die dritte Anwendungsmöglichkeit und meines Erachtens die beste ist, auf schnelle Wertveränderungen von über 100 Punkten zu achten, das heißt von einem sehr bullishen auf einen sehr bearishen Wert und umgekehrt. Befindet sich der Indikator auf einem Wert von -50 und verändert er sich innerhalb weniger Tagen auf +50, ist dies als ein sehr bullishes Signal zu interpretieren.

MARKTBREITE-INDIKATOREN: DER BLICK INS INNERE DES AKTIENMARKTES

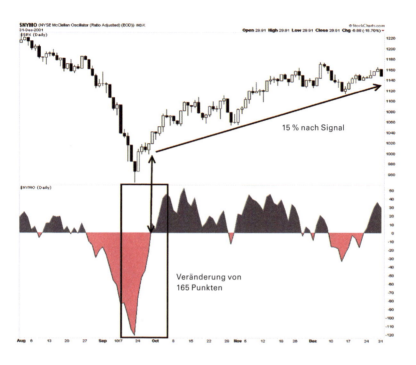

Abb. 40: Tageschart des S&P 500 mit McClellan-Oszillator

Der Nutzen dieser Anwendungsmöglichkeit wird in den folgenden drei Abbildungen und Erläuterungen deutlich.

Abbildung 40 zeigt den S&P 500 in der großen Ausverkaufsstimmung im Jahr 2009. Der McClellan-Oszillator erreichte einen negativen Extremwert mit -100 Punkten. Der Ausverkauf endete abrupt und der Markt stieg plötzlich wieder. Vielleicht nur eine Gegenbewegung, ausgelöst durch mutige Käufer und die Eindeckung von Leerverkäufen? Das durchschnittliche Volumen der gestiegenen Aktien, gemessen durch den Indikator, signalisierte eine Veränderung im Inneren des Marktes.

Innerhalb von nur neun Handelstagen kam es zu einem Anstieg im Indikator um 165 Punkte. Bereits nach vier Tagen wurde die Nulllinie als unterstützendes Kaufsignal durchbrochen.

Auch die folgende Aufwärtsbewegung im Index war von positiven Werten des Indikators begleitet. Das durchschnittlich gehandelte Volumen der steigenden Aktien überstieg das der fallenden Aktien. Es hatte den Anschein, dass große Verkaufsvolumen abgearbeitet waren, und der Index konnte seinen Trend nachhaltig ändern.

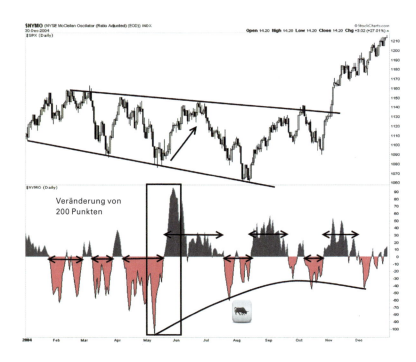

Abb. 41: Tageschart des S&P 500 mit McClellan-Oszillator

Der Indikator gibt einen guten Überblick, welche Seite des Volumens die Oberhand hat. Sind es die Käufer oder Verkäufer, die die Kurse bewegen, und wer ist stärker?

Abbildung 41 zeigt eine mittelfristige Konsolidierungsphase des S&P 500 im Jahr 2010. Nachdem sich der Index von März 2009 bis Februar 2010 im Rallyemodus befand, startete diese Konsolidierung. Anfangs hatte das Volumen der gefallenen Aktien die Oberhand, sowohl hinsichtlich ihrer Werte als auch ihrer zeitlichen Ausdehnung, wenn man die Phase von Februar bis Mai betrachtet.

Im Mai verändert sich das Innere des Marktes. Das Volumen der steigenden Aktien nahm deutlich zu. Der Indikator veränderte sich um 200 Punkte. Die Konsolidierung wurde weiter fortgeführt, jedoch

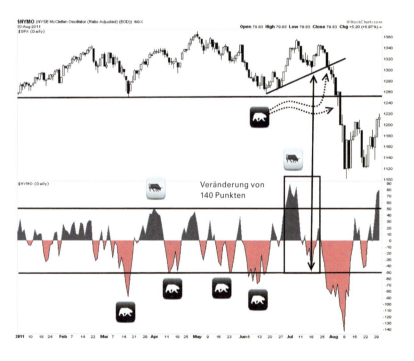

Abb. 42: Tageschart des S&P 500 mit McClellan-Oszillator

war nun das Volumen auf der Käuferseite. Ein neues, kurzfristiges Tief im Index wurde von einer bullishen Divergenz begleitet – viele Anhaltspunkte, dass sich der Trend eher fortsetzte als änderte.

Ein weiteres Beispiel, warum es ratsam ist, auf den Indikator zu achten, zeigt Abbildung 42. Der Index konsolidierte 2011 auf hohem Niveau. Es war zu erkennen, dass das Volumen deutlich auf der Verkäuferseite war. Die „Großen" versuchten ihre Gewinne in der positiven Aktienmarktstimmung zu realisieren. Kaum erreichte der Index den Bereich seines letzten Hochs, erhöhte sich der Verkaufsdruck.

Der Indikator reagierte mit einer Veränderung von über -140 Punkten. Dies war ein Warnsignal zur rechten Zeit, bevor der große, über Wochen andauernde Kursrutsch startete. Der Indikator warnte ausreichend mit bearishen Signalen. In Verbindung mit der Trendanalyse konnten hervorragende Signale generiert werden, um Positionen zu schützen oder short zu gehen.

2.8.2 FAZIT

Achten Sie auf die Veränderungen von extrem bullishem Wert auf extrem bearishen Wert in wenigen Handelstagen und umgekehrt. Diese Veränderung signalisiert eine Veränderung der Marktteilnehmer und des von ihnen gehandelten Volumens. Schauen Sie, auf welcher Seite des Marktes das durchschnittliche Volumen länger und stärker ist, also die Oberhand hat. Beachten Sie die bullishen und bearishen Divergenzen. Bei der Nulllinie müssen Sie immer mit Fehlausbrüchen rechnen, die Ihnen keine guten Signale generieren.

2.9 BULLISH PERCENT INDEX (BPI)

Der letzte Indikator, den ich Ihnen detailliert vorstellen möchte, wird in der Regel nicht nur auf andere Weise dargestellt, sondern er basiert auch auf anderen Daten.

MARKTBREITE-INDIKATOREN: DER BLICK INS INNERE DES AKTIENMARKTES

Der Bullish Percent Index ist der Marktindikator der ersten Stunde. Er wurde 1955 von Abe Cohen erfunden, dem Gründer von Investor Intelligence[4]. Cohen war einer der Pioniere der Visualisierung von Aktienkursen mittels der „Point and Figure"-Kursdarstellung. Auf dieser Grundlage konstruierte er den BPI, um einen „Marktbarometer" als Hilfsmittel zu erhalten und die Vorteile dieser Kursdarstellung zu nutzen. Zur Messung der Marktbreite kann auch hier entweder eine Börse oder ein Index herangezogen werden.

Der bekannteste BPI ist der NYSE Bullish Percent Index ($BPNYA). Er berücksichtigt alle an der New York Stock Exchange gelisteten Aktien und deren P&F-Kaufsignale. (Datenanbieter berechnen den Index oft nicht mit allen Aktien aufgrund von „delistings".) Somit lässt sich analysieren, ob eine Auf- oder Abwärtsbewegung auf die breite Masse der Aktien zurückzuführen ist oder nicht.

EXKURS: POINT-AND-FIGURE-CHART (P&F)

Um die Funktionsweise und Interpretation des Indikators zu verstehen, ist es notwendig, die Konstruktionsweise und die besonderen Merkmale der Point-and-Figure-Charts zu kennen. Sollten Sie damit vertraut sein, können Sie den Exkurs überspringen. P&F-Charts konzentrieren sich primär auf die reine Preisbewegung. Steigende Kurse werden mit einer steigenden Säule (auch Kolumnen genannt) von „X" dargestellt und fallende Kurse mit einer fallenden Säulen von „O". Des Weiteren gibt es zwei Konstruktionsvariablen:

1. Die Kästchengröße (Box Size), also wann ein neues X auf die Säule gezeichnet werden darf. Dies kann auf drei Arten bestimmt werden: Statisch, logarithmisch und dynamisch. Am häufigsten wird die statische Veränderung des Kurses genutzt.

Beim einem P&F-Tageschart des S&P wird beispielsweise ein neues X hinzugefügt, wenn der Index um fünf Punkte steigt. Steigt der S&P an einem Tag um 50 Punkte, werden zehn neue X eingezeichnet. Eine weitere Variation besteht darin, ob man für die Punktmessung die Tageshöchst-/Tagestiefstkurse oder den Tagesschlusskurs verwendet. Empfehlenswert ist auch die logarithmische Berechnung, bei der man die prozentuale Veränderung als Kästchengröße bestimmt.

2. Die Umkehrregel (Reversal) gibt vor, wann von einer steigenden X-Säule auf eine fallende O-Säule gewechselt wird. In der Regel wird für den S&P ein 3-Box-Reversal genutzt. Das bedeutet, dass der S&P bei einer eingestellten Kästchengröße von fünf Punkten mindestens um 15 Punkte fallen muss, damit eine neue Spalte mit „O" nach unten begonnen werden kann. In diesem Fall werden drei „Os" nach unten eingezeichnet.

Bei P&F-Charts findet keine proportionierte Zeitdarstellung statt, es werden lediglich die Monatsanfänge durch die Ziffern 1-9 für Januar bis September und die Buchstaben A-C für Oktober bis Dezember anstelle eines „O" oder „X" zur Orientierung angegeben. Das gehandelte Volumen und entstandene Kurslücken (Gaps) finden in der P&F-Darstellung keine Berücksichtigung.

Was sind die Vorteile dieser Chartart? Es gibt klare Kursformationen und damit verbundene Handelssignale, die den Freiraum für Interpretationen verringern. Durch die richtige Wahl der Box Size und des Reversals werden das „Marktrauschen" beziehungsweise kleinere Konsolidierungen in einem gewissen Maße ausgeblendet.

BERECHNUNG

Für den BPI wird nicht der Kurs eines Index herangezogen. Entscheidend ist, ob seine Index-Mitglieder ein einfaches P&F-Kaufsignal generiert haben:

MARKTBREITE-INDIKATOREN: DER BLICK INS INNERE DES AKTIENMARKTES

BPI = Aktien mit P&F-Kaufsignal / Aktien im Index

EXKURS: EINFACHES P&F-KAUFSIGNAL

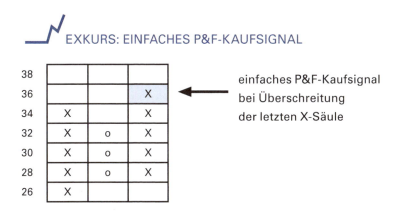

Abb. 43: Einfaches P&F-Kaufsignal

Werden beispielsweise 2.800 Aktien gelistet und 1.400 davon liefern ein P&F-Kaufsignal, dann ist der BPI bei 50 %. Theoretisch kann für jeden Index ein BPI berechnet werden. Die Aussagekraft verringert sich jedoch, je weniger Indexmitglieder enthalten sind oder wenn Einzelwerte eine überdurchschnittliche Gewichtung haben.

2.9.1 INTERPRETATION UND ANWENDUNG

Am wichtigsten ist die Richtung des Indikators. Bewegt sich der Indikator nach oben, ist das bullish zu werten. Bewegt sich der Indikator nach unten, ist dies entsprechend bearish zu werten. Deshalb sollten besonders Richtungsänderungen beachtet werden.

Der BPI oszilliert zwischen 0-100 Punkten beziehungsweise %. Grundsätzlich wird ein Wert über 50 % als bullish angesehen, umgekehrt ein Wert unter 50 % als bearish. Dies ist jedoch nicht die einzige Aussage des Indikators, seine Bandbreite kann in weitere Zonen eingeteilt werden.

Die Überkauft-Zone reicht von 100 bis 70 Punkten, die Zone von 69 bis 31 Punkten bezeichnet man als neutral, von 30 bis 0 Punkten folgt die Überverkauft-Zone. Auf die einzelnen Zonen und wie man darauf reagieren kann, wird im Folgenden im Zusammenhang mit dem BPI-Status eingegangen.

Der BPI kann für alle Zeitebenen angewendet werden. Am aussagekräftigsten ist der Indikator auf täglicher Basis, berechnet aus den End-of-Day-(EOD)-P&F-Kaufsignalen.

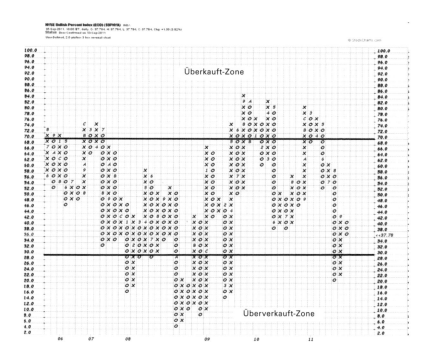

Abb. 44: NYSE Bullish Percent Index

Abbildung 44 zeigt den NYSE BPI, berechnet von Stockcharts.com. Der Wert von 24,47 Punkten sagt aus, dass von 1.810 berücksichtigten Aktien derzeit nur 443 Aktien ein P&F-Kaufsignal aufweisen.

Jede Box, dargestellt durch ein „X" oder ein „O", repräsentiert in der klassischen Einstellung eine Wertveränderung von 2 % (logarithmisch). Befindet sich der BPI in einem Aufwärtstrend, dargestellt durch eine X-Säule, kann erst eine neue O-Säule gezeichnet werden, wenn die 3-Punkte-Umkehrregel erfüllt ist. Das heißt, die P&F-Kaufsignale müssen um 6 % (3 x 2 % = 6) fallen (Boxgröße und Umkehrregel können/müssen je nach Index variiert werden).

2.9.2 BULLISH PERCENT STATUS

Abe Cohens ursprüngliche Strategie war einfach: Hat der BPI einen Wert über 52 %, war er bullish, bei unter 48 % war er bearish.

Earl Blumenthal veröffentliche 1975 in seinem Buch „Chart for Profit" eine Verbesserung der Anwendung durch einige Regeln und Mike Burke verfeinerte diese. Das Ergebnis ist eine klare Definition von sieben verschieden BPI-Status[5]:

1. Bull-Alert-Status: Signalisiert, dass die meisten Aktien ihr Tief erreicht haben und mit höherer Wahrscheinlichkeit mit steigenden Kursen zu rechnen ist. Die meisten, die verkaufen wollen, haben bereits verkauft. Vorsichtige Long-Positionen können eröffnet werden. Achtung: Oft werden Tiefs nochmals getestet. Bull-Alert wird in der 0-30-%-Zone durch ein 3-Box-Reversal (6 %) generiert, jedoch ohne P&F-Kaufsignal.

2. Bear-Alert-Status: Aktien im Index sind in der Breite überkauft. Leerverkäufe bieten sich weniger an, aber man sollte sich auf eine anstehende Korrektur beziehungsweise Marktschwäche vorbereiten und Stop-Loss-Limits überprüfen. Das Bear-Alert wird in der 70-100-%-Zone durch ein 3-Box-Reversal ausgelöst und der BPI fällt unter die 70 %, jedoch ohne P&F-Verkaufssignal. Häufig läuft die Korrektur dann an den 50-%-Level.

3. Bull-Top-Status: Das Signal wird wie das Bear-Alert generiert, jedoch führt die O-Säule nicht direkt unter den 70-%-Level.

4. Bull-Confirmed-Status: Bestätigt die starke Marktverfassung. Aggressive Aktienkäufe beziehungsweise Positionsgrößen sind empfehlenswert. Bull-Confirmed-Signal: BPI gibt ein einfaches P&F-Kaufsignal (X-Säule übersteigt die letzte X-Säule) oder der BPI steigt über die 50-%-Zone. Je näher das Signal der Überverkauft-Zone ist, umso stärker ist es. Umgekehrt sollte man vorsichtig sein, wenn der Markt bereits überkauft ist.

5. Bear-Confirmed-Status: Signalisiert Schwäche im Markt. Long-Positionen sollten eng abgesichert beziehungsweise Short-Positionen eröffnet werden. Bear-Confirmed-Signal: BPI gibt ein einfaches P&F-Verkaufssignal oder fällt unter die 50-%-Zone. Je näher an der Überkauft-Zone das Signal generiert wird, umso stärker ist es.

6. Bull-Correction-Status: Signalisiert, dass der bullishe Trend in eine Korrektur übergeht. Es ist wahrscheinlich, dass der Trend danach wieder fortgeführt wird. Auf offensive Käufe vorbereiten. Bull-Correction-Signal: 3-Box-Reversal aus einem Bull-Confirmed-Status, unterhalb der 70-%-Zone.

7. Bear-Correction-Status: Ein Abwärtstrend befindet sich in einer Korrektur und die Aktien erholen sich von ihren Verlusten. Leerverkäufe sind abzusichern. Bear-Correction-Signal: 3-Box-Reversal aus einem Bear-Confirmed-Status, oberhalb der 30-%-Zone.

MARKTBREITE-INDIKATOREN: DER BLICK INS INNERE DES AKTIENMARKTES

Bull-Alert

30			
28	x		
26	x	o	x
24	x	o	x
22	x	o	x
20	x	o	
18	x		

Bear-Alert

78		x	
76		x	o
74	o	x	o
72	o	x	o
70	o	x	o
68	o		o
66	o		

Bull-Top

80		x	
78		x	o
76	o	x	o
74	o	x	o
72	o	x	
70	o		
68			

Bull-Confirmed

38			
36			x
34	x		x
32	x	o	x
30	x	o	x
28	x	o	x
26	x		

Bear-Confirmed

68	o	x	
66	o	x	o
64	o	x	o
62	o	x	o
60	o		o
58			o
56			

Bull-Correction

70				
78			x	
66	x		x	o
64	x	o	x	o
62	x	o	x	o
60	x	o	x	
58	x	o	x	

Bear-Correction

60				
58	o	x		
56	o	x	o	x
54	o	x	o	x
52	o		o	x
50			o	
48				

Abb. 45: BPI-Status

Diese definierte Signalgebung macht den BPI zu einem geeigneten Indikator für die Unterstützung von Handelsentscheidungen oder die Berechnung von Positionsgrößen.

Abbildung 46 zeigt den S&P 500 von Oktober 2010 bis September 2011 im Tageschart. Zum Abgleich wurden die jeweiligen BPI-Status hinzugefügt.

Der Index befand sich in einem intakten mehrmonatigen Aufwärtstrend und erreichte mittelfristig neue Hochs. Der Indikator bestätigte diesen Trend mit einem Bull-Confirmed-Status vom 15.09.2010 und bewegte sich immer tiefer in die Überkauft-Zone. Ende Februar

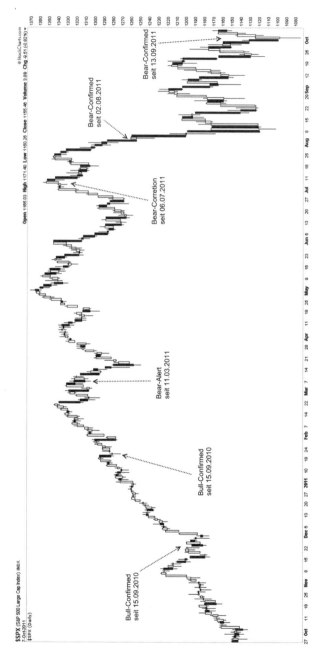

Abb. 46: Tageschart des S&P 500 mit BPI-Status

2011 erreichte er einen Wert von 80 Punkten, der im Vergleich mit alten Werten einen hohen Wert darstellt und zur Vorsicht mahnte. Neue Long-Positionen sollten nicht mit voller Positionsgröße eröffnet, Stopp-Limits nachgezogen und fallende Kurse gedanklich vorweggenommen werden.

Die erste Veränderung des Status erfolgte am 11.03.2011, der Indikator drehte auf Bull-Alert. Der Index befand sich bereits in einer Korrektur und fiel immerhin noch 4,3 % nach dem bearishen Signal.

Die folgende Aufwärtsbewegung und Ausbildung mittelfristiger Tops führte zu keinen neuen Hochs im Indikator, das heißt, die neuen Hochs gingen nicht einher mit weiteren neuen P&F-Kaufsignalen der Aktien der NYSE, was als bearishes Signal zu werten war.

Das wichtigste Signal war der Bear-Correction-Status vom 06.07.2011. Der Index machte den Versuch, neue mittelfristige Hochs zu erreichen, während der Gesamtmarkt, das Innere, sich bereits signifikant veränderte. Die P&F-Kaufsignale nahmen ab und der Indikator signalisierte es vorzeitig und auf einem hohen Niveau im Index.

Der folgende Bear-Confirmed-Status wurde am 02.08.2011 generiert und bestätigte den drastischen Abverkauf des Index auf „halber Strecke" (vgl. kleines Kästchen). Der Indikator fiel bis auf 20 Punkte in die Überverkauft-Zone. Offensive, kurzfristig orientierte Trader hätten hier Positionen auf steigende Kurse platzieren können.

Der Bear-Confirmed-Status wurde im September kurzzeitig negiert, als der S&P 500 eine Konsolidierung startete. Der Indikator stieg jedoch nicht über das Niveau von 50 Punkten. Erst ein Überschreiten dieser Marke hätte mittelfristige Long-Positionen unterstützt.

Die letzte Aufwärtsbewegung im Index aus dem Tief bei 1.080 USD bis 1.170 USD ging einher mit einem weiter fallenden Indikator, was negativ zu werten ist. Jedoch bewegte sich der Indikator in der Überverkauft-Zone und hatte mit einem Wert von 18 Punkten bereits ein historisch niedriges Niveau erreicht.

2.9.3 ALTERNATIVE DARSTELLUNG

Das P&F-Charting und die Berechnung eines Bullish Percent Index ist nicht jedermanns Sache, nicht deshalb, weil es schwierig ist, sondern weil man es nicht gewohnt ist. Dafür gibt es Abhilfe.

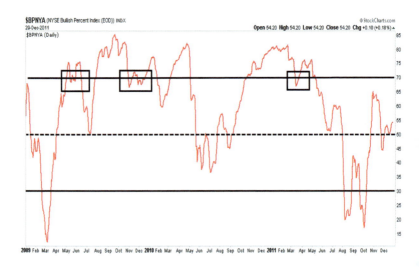

Abb. 47: Alternative Darstellung des BPI

Abbildung 47 zeigt den BPI in einfacher Linienchart-Darstellung. Die schwarzen Kästchen markieren Situationen, in den es zu Schwankungen in der Überkauft-Linie kam. Es handelt sich um Situationen, die ein reines Handeln nach dem Indikator unprofitabel machen. Seien Sie sich dessen stets bewusst.

Um die Signalgebung für eine mittelfristige Anwendung etwas klarer zu machen, kann der BPI auch mittels Durchschnittslinien geglättet werden. Dies zeigt Abbildung 47, indem eine Glättung mittels eines einfachen gleitenden 50-Tage-Durchschnitts (gestrichelte Linie) verwendet wurde. Längere Durchschnitte können ebenso verwendet werden.

Bewegt sich die Durchschnittslinie vom 50-Punkte-Bereich in die Überkauft-Zone, ist sie bullish zu werten und bestätigt den Aufwärtstrend. Als Warnsignal ist das Verlassen der Überverkauft-Zone zu werten. Für die Überverkauft-Zone gilt das Gegenteil.

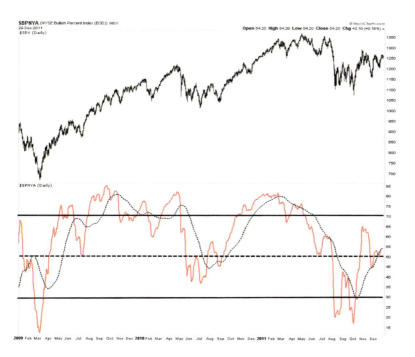

Abb. 48: Alternative Darstellung des BPI mit einfachem gleitenden 50-Tage-Durchschnitt

2.9.4 FAZIT

Der Bullish Percent Index ist ein Marktbreite-Indikator, der sich aufgrund seiner Berechnungsgrundlage deutlich von den anderen unterscheidet. Durch die klare Signalgebung kann er hervorragend als Baustein einer Handelsstrategie genutzt werden. Sie können Positionsgrößen nach ihm ausrichten. Befindet sich der Indikator bei einem Wert von 75 oder 80 Punkten, handeln Sie beispielsweise halbe Positionsgrößen. Suchen Sie bei Indizes oder Aktien nach Trendumkehrmustern, Short-Einstiegen oder ziehen Sie Ihre Stopps enger. Gleichen Sie ab, welchen Status der BPI hat, und richten Sie Ihr Handeln danach aus.

3. ZUSAMMENFASSUNG

Marktbreite-Indikatoren sind Werkzeuge, die es ermöglichen, in das Innere des Marktes zu schauen, um zu prüfen, wie „gesund" der Markt ist.

Die volumenbasierten Marktbreite-Indikatoren gestatten Einblicke, inwieweit sich das Volumen verändert, ob es auf der Seite der Käufer oder Verkäufer ist. Sie geben Hinweise, in welche Richtung das „große Volumen" tendiert beziehungsweise in welche Richtung es die institutionellen Investoren treibt. Marktbreite-Indikatoren, die neue Hochs/Tiefs, Aktien über ihrem Durchschnitt und die Anzahl gestiegener und gefallener Aktien berücksichtigen, geben Einblicke in das Fundament eines Trends und zeigen damit an, ob er nachhaltig und gesund ist oder ob er zu korrigieren oder gar zu drehen droht.

Nutzen Sie die vorgestellten Anwendungsmöglichkeiten, um Divergenzen zwischen Marktbreite und Trends zu erkennen. Identifizieren Sie Überkauft- und Überverkauft-Situationen. Achten Sie auf den Gleichlauf von Indikator und Trend.

Mit diesen Ausführungen haben Sie sämtliche notwendigen Informationen erhalten, wie diese Werkzeuge berechnet, interpretiert, angewandt und variiert beziehungsweise ergänzt werden können. Darüber hinaus wurde aufgezeigt, wie sich diese Tools in bestimmten Marktphasen verhielten und wann „gute" beziehungsweise „schlechte" Signale erzeugt wurden.

Sie müssen nicht alle vorgestellten Indikatoren beherrschen. Ich empfehle Ihnen, zwei oder drei auszuwählen, die zu Ihrem Handelsstil passen. Sie können fast alle Indikatoren auf der Internetseite „Stockcharts.com" abrufen und selbst analysieren. Lernen Sie, wie Sie die Werkzeuge anwenden, denn nur somit werden Sie den optimalen Mehrwert erhalten.

Fußnoten
1. John J. Murphy, Technische Analyse der Finanzmärkte, S. 424
2. http://stockcharts.com/school/doku.php?id=chart_school:technical_indicators:mcclellan_oscillator
3. Ebd.
4. http://www.investorsintelligence.com/x/breadth_indicators.html
5. Ebd.

TEIL II

VTAD-Award-Gewinner 2011

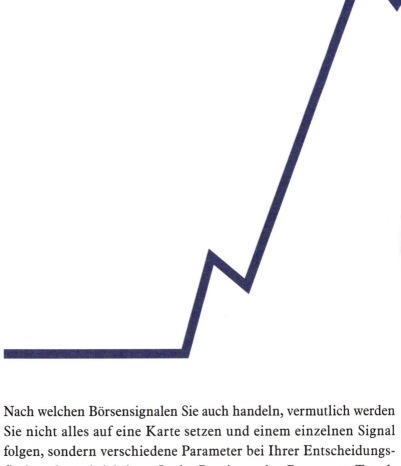

Nach welchen Börsensignalen Sie auch handeln, vermutlich werden Sie nicht alles auf eine Karte setzen und einem einzelnen Signal folgen, sondern verschiedene Parameter bei Ihrer Entscheidungsfindung berücksichtigen. In der Praxis werden Parameter, Trendverhalten, makroökonomischer Datenkranz, Nachrichten aber immer wieder unterschiedlich und damit unsystematisch gewichtet. Genau hier liegt jedoch ein großes Problem für Trader. Selbst wenn das Risiko mit Stop-Loss-Strategien kontrolliert wird, so wird die Gewichtung Ihrer Entscheidungsparameter mehr oder weniger aus dem

SYSTEMATISCH ZUM ERFOLG

Jürgen Nowacki

Bauch getroffen, was sehr stressintensiv sein kann. Was aber noch schlimmer ist: Selbst wenn das Ergebnis gut ausgefallen sein sollte, so lassen sich diese guten Ergebnisse kaum mehr reproduzieren, und bereits nach kurzer Zeit gerät in Vergessenheit, weshalb Sie Erfolg hatten.

Wer aber meint, dass es sich hier um eine typische Trader-Situation oder Trader-Problematik handelt, der irrt. Diese Problematik ist eine Standardsituation für alle Führungskräfte in der Wirtschaft. Überall, wo in der Industrie oder im Handel Entscheidungen getroffen werden müssen, hat eine systematische Vorgehensweise im Umgang mit Prognosen Einzug gehalten. Unverständlich, warum diese Erkenntnis bis heute im Umgang mit Futures und Optionen so wenig Freunde gefunden hat. Die Gründe dafür liegen offensichtlich in der Komplexität der Systeme. Ich habe mir Gedanken darüber gemacht, wie sich die etablierten Entscheidungssysteme der Industrie auf den hektischen Handel im Devisen- oder Rohstoffmarkt adaptieren lassen. Jetzt möchte ich Ihnen einige industrielle Methoden vorstellen sowie Beispiele und Anregungen bieten, wie sich solche Entscheidungsfindungsmodelle auch im risikoreichen Börsenhandel einsetzten lassen.

Machen Sie einen Plan mit Perspektiven, think big!

In Ihrem Business-Case sollten Sie sich über Ihre übergeordneten Ziele geschäftlich wie auch im privaten Bereich hundertprozentig im Klaren sein. So ist es möglich, Kapitaleinsatz, Gewinnprognose und Risikoparameter auf jedes einzelne Geschäft herunterzubrechen. Sind diese Parameter geklärt, geben Sie sich ein Trading- und Risikolimit, so wie Sie es auch einem Mitarbeiter gegenüber formulieren würden (Trader-Stellenbeschreibung mit Risikolimit). Am besten, Sie versetzen sich in die Lage eines Managers. Sie haben Kapitalgeber, denen Sie Rechenschaft schulden, und Sie beschäftigen Händler, die Sie selbst nach eigenen Kriterien einstellen, motivieren, aus- und weiterbilden. Diese jungen Händlertalente zu entdecken und zu rekrutieren, ist nicht schwer. Dafür lassen sich leicht junge Akademiker finden, die solch eine Traderausbildung während ihres Studiums als sinnvolle und zielführende Herausforderung annehmen würden.

Aber Sie müssten sie eventuell noch für die gewünschten Sektoren Devisen, Rohstoffe und Aktien hausintern weiterbilden und mit Ihrem Handelssystem vertraut machen. Die dafür notwendigen Kontrollmechanismen wie auch Leistungsanreize sollten auch für Sie, den Boss, gelten. Dies wäre ein gutes Beispiel für die Formulierung Ihrer *übergeordneten Unternehmenszielsetzung.* Sie beschäftigen junge Mathematiker und Tradingtalente, die nach Ihren Vorgaben die Märkte auf Handelschancen untersuchen und handeln, und Sie kümmern sich hauptsächlich um die Einhaltung der Risikoparameter sowie Controlling und Moneymanagement.

Beispiele verschiedener Systeme zur planvollen Entscheidungsfindung

Damit Sie erst gar nicht in die Situation kommen, sich für Verluste und entgangene Gewinnchancen rechtfertigen zu müssen, ist es gut, einen Plan oder noch besser ein Entscheidungsmodell zu haben. Nun wählen viele angehende Trader den Weg über die Börse, weil sie genau das nicht wollen. Nach einem Plan zu arbeiten, haben sie vielleicht viele Jahre lang in einer Linienfunktion eines Konzerns machen müssen. Um als Trader eine gewisse Entscheidungsfreiheit auszuleben, ist es sicherlich reizvoll und vermittelt ein gewisses Gefühl der Macht, endlich eigene Entscheidungen treffen zu können, ohne jemanden um Erlaubnis fragen und zig Formulare ausfüllen zu müssen. Eine Befragung von mehreren Hundert Trader-Anfängern hat genau diese Aussage und Motivation bestätigt.

Nach vier bis sechs Wochen, so unsere jahrelangen Beobachtungen, beginnt sich die Trefferquote jedoch zu verschlechtern und die kognitive Verdrängung der Verluste ebnet den Weg in Richtung finanzielles Desaster. Auf diese Weise liefern Sie das Haifischfutter und die Gewinne der anderen Marktteilnehmer, die eben diese Lektion bereits gelernt haben und mit mehr Disziplin ans Werk gehen. Da haben wir es wieder, dieses fürchterliche Wort: Disziplin!

Eingangs versprach ich Ihnen, einige Entscheidungsmodelle aus der Industrie vorzustellen und für Ihr Trading anwendbar zu machen. Vielleicht ist etwas für Sie dabei.

SWOT-ANALYSE DER STANFORD UNIVERSITY

SWOT steht für Stärken (Strengths), Schwächen (Weaknesses), Möglichkeiten (Opportunities) und Gefahren (Threats) und stellt eine Chancen-Risiken-Analyse der eigenen Aktivitäten gegenüber dem Wettbewerb dar. Im Finanzsektor sind diese Analysen ein brauchbarer Weg, ein Unternehmen, dessen Aktien von Branchenanalysten zum Kauf oder Verkauf empfohlen werden, umfassend zu durchleuchten. Eine reine Finanzanalyse der Bilanz nach KGV und PEG steht in der Kritik, zu stark vergangenheitsbezogen zu sein. Aber wie sieht es mit der Zukunft aus? Wo hat das Unternehmen seine Stärken und Schwächen im Wettbewerb? In der Produktgestaltung oder im Personalmanagement? Und wie schneidet das Unternehmen im Branchenvergleich ab?

Welche Möglichkeiten haben Sie als Investor, solche zeitaufwendigen SWOT-Analysen zu erstellen? Heutzutage verzichtet kaum eine Bank auf solche Analysen und stellt sie ihren guten (Premium-)Kunden auf Anfrage zur Verfügung. Außerdem könnten Sie etwas machen, was sich viele Aktionäre im Internetzeitalter abgewöhnt haben, nämlich eine Hauptversammlung persönlich zu besuchen. Oder Sie verschaffen sich selbst einen persönlichen Eindruck vom Personal, dem Umgang mit Kunden und der Handhabung von Kundenbeschwerden. Beobachten Sie aufmerksam, was das Unternehmen wirklich gut kann und was der Wettbewerb besser macht.

Mit SWOT optimieren Sie Ihren persönlichen Businessplan

Aber wie sieht es mit einer SWOT-Analyse Ihres eigenen Trading-Geschäftsmodells aus? Wenn die Analyse ergeben sollte, dass Ihnen das konzeptionelle Denken fehlt und das Controller-Gen nicht stark genug ausgeprägt ist, dann besorgen Sie sich Hilfe, und zwar bevor Sie die ersten 25.000 Euro in den Sand gesetzt haben. Geeignete Leute, die Ihnen helfen können, Ihren Businessplan als Trader erfolgreich umzusetzen, finden Sie in Form nebenberuflicher Stundenkräfte unter BWL-Studenten und angehenden Wirtschaftsprüfern. Diese Leute sollten keine Ahnung von Börse haben, sondern nur dabei helfen, das zu kontrollieren und zu verbessern, was sie im Tagesgeschäft nicht schaffen, einen Plan abzuarbeiten und mit Leben zu füllen. Besorgen Sie sich Sparringspartner, die Sie auf Ihren großen Kampf vorbereiten.

Zwischenfazit: Suchen Sie sich gleich zu Beginn Unterstützung, diese Hilfe zahlt sich aus.

AUFWAND UND NUTZEN RICHTIG EINSCHÄTZEN: DAS JOHN-WHITMORE-MODELL

Der Plan, ein guter Trader zu werden, muss so ausgearbeitet sein, dass er geprüft werden kann und dass die Fortschritte kontrolliert werden können. Nur wenn diese Voraussetzung erfüllt ist, kann Ihr Coach Ihnen überhaupt helfen. Also: Sie müssen eine Vorstellung von Ihrem zukünftigen Job, der weit über das Testen von Chartmustern am Computer hinausgeht, entwickeln.

Eine gute Grundlage bietet das John-Whitmore-Modell. Sir John Whitmore, adliger Herkunft mit Familiensitz in Orsett Hallist, Eaton-Absolvent, war in den 1960er-Jahren ein erfolgreicher Autorennfahrer. Er beendete seine erfolgreiche Motorsportkarriere mit 29 Jahren, um sich der Sportpsychologie als Coach zu widmen. Heute ist er ein gefragter Coach für Manager in global tätigen Unternehmen. Hier seine kleine Checkliste für Businesspläne und Coachingeinheiten:

GOALSETTING

Welche Ziele setzen Sie sich konkret für die nächsten vier Wochen?

Handelssysteme konsequent austesten, bevor mit echtem Geld gehandelt wird, oder Stopps konsequenter platzieren?

REALITYCHECKING

Müssen Ziele angepasst werden? Was sagt Ihr Controller-Coach zur Risikomessung? Wie weit weicht Ihr Ergebnis von Ihrer eigenen Planung ab? Arbeiten Sie mit einer neuen Handelsstrategie, die im Test erfolgreich war, aber in der Praxis untergeht (Schönwettermodell)? Warum wurden dann Risikomanagement und Tradinglimit überzogen? Je schonungsloser Sie diese Punkte hinterfragen, umso schneller kommen Sie ans Ziel.

OPTIONS

Wie sieht Ihr Plan B aus? Erarbeiten Sie Alternativen für den Fall, dass Ihr Handelssystem nicht funktioniert, und bitten Sie Ihren Coach um Hilfestellung bei der Präzisierung beziehungsweise Überwachung Ihrer Unternehmensziele. Versuchen Sie, diese Phase recht früh einzuleiten, bevor zu viel Kapital vernichtet wurde, damit neue Strategien angstfrei ausgearbeitet werden können. Deshalb definieren Sie in Ihren Businessplan möglichst genau den Zeitpunkt, an dem Sie Ihren Handel vorübergehend aussetzen.

Dieses methodische Vorgehen hilft nicht nur im Unternehmen, sondern auch im Sport und in der Erziehung, Ziele sachlich und frei von Emotionen richtig zu dimensionieren und sachlich abzuarbeiten.

FAZIT:

Viele Trader begreifen den Handel als Kampf gegen den Markt, mit entsprechend negativen Folgen für Performance und Gesundheit. Wer es schafft, den Handel als Aufgabe zu betrachten, wo es darum geht, selbst gesetzte Parameter seines Businessplanes abzuarbeiten, wird mit weniger Emotionen bessere Ergebnisse erwirtschaften.

Ein System von Handelssignalen ist weniger der Heilige Gral als vielmehr eines von mehreren wichtigen Bestandteilen in Ihrem Businessplan. Es ist lediglich in ein Gesamtkonzept eingebettet und jederzeit austauschbar. Ihre Controllingparameter und Vorgaben zum Risikomanagement dagegen werden nicht ausgetauscht, sondern weiterentwickelt. Sie sind als Fundament zu verstehen und damit unersetzliche Komponenten in Ihrer Ablauforganisation.

Die Handelsstrategie steht in Interaktion zur Gesamtstrategie, die Aufgaben kontrollfähig und damit auch delegierfähig zu machen. Bevor Sie sich mit den beiden nächsten Handelsstrategien beschäftigen, prüfen Sie bitte zuvor eventuellen Handlungsbedarf bei der Vervollständigung Ihres Geschäftsplanes sowie beim Qualitätsmanagement. Auf diesen Aspekt werde ich zum Schluss noch einmal zurückkommen.

Dr. Manfred G. Dürschner

Zwei grundsätzliche Aspekte kennzeichnen Dr. Manfred G. Dürschner. Ein Aspekt ist seine geografische „Bipolarität". Geboren und aufgewachsen ist er in Nürnberg, dem Herz des Frankenlandes. Nach seiner Ausbildung war er beruflich jedoch in den Teilen der Welt zu Hause, wo die Elektronik das Wirtschaftsleben bestimmt: die USA, Japan, China, Singapur und Brasilien. Längere Auslandsaufenthalte, vor allem in den USA, waren keine Seltenheit. Am Ende seines Berufslebens kehrte er in seine Heimatstadt, der er immer treu geblieben ist, zurück und beschäftigt sich intensiv mit dem Geschehen an der Börse.

ÜBER DR. MANFRED G. DÜRSCHNER

Der zweite zentrale Aspekt ist seine „dreidimensionale" Ausbildung. Wirtschaftliche Zusammenhänge lernte er am Wirtschaftsgymnasium der Stadt Nürnberg kennen und verstehen, wo er sein Abitur ablegte. In seiner Zeit als Bundeswehroffizier musste er frühzeitig eine verantwortungsvolle Führungsposition einnehmen. Komplexe Sachverhalte und Situationen zu strukturieren, sie nicht zu vereinfachen, um sie zielführend zu bearbeiten, war eine wesentliche Erfahrung in dieser Zeit. Diese Erfahrung war ihm später immer eine besondere Hilfe in schwierigen Situationen. An die Bundeswehrzeit schloss sich ein Physikstudium an der Friedrich-Alexander-Universität Erlangen-Nürnberg an. Promoviert wurde er an der RWTH Aachen. Eine naturwissenschaftliche, physikalische Denkweise prägte ihn und zeichnet ihn bis heute aus.

Die Beschäftigung mit der Börse erfolgte erst gegen Ende seiner beruflichen Laufbahn, wobei der konkrete Auslöser die Internetblase war. Ausbildung und beruflicher Werdegang waren natürlich dazu angetan, dass diese Beschäftigung nicht intuitiv, sondern in Anlehnung an und mithilfe physikalischer Modelle und Überlegungen erfolgte. Wie das konkret aussieht, zeigt er in seinem Beitrag zu diesem Buch. Für den darin beschriebenen gleitenden Durchschnitt und seine Anwendungen hat er den VTAD-Award 2011 erhalten. Typisch für Dr. Dürschner ist, dass er über das gegenwärtig Erreichte stets hinauszudenken versucht. Sein neuer Ansatz zur Technischen Analyse am Ende seines Beitrags unterstreicht dies.

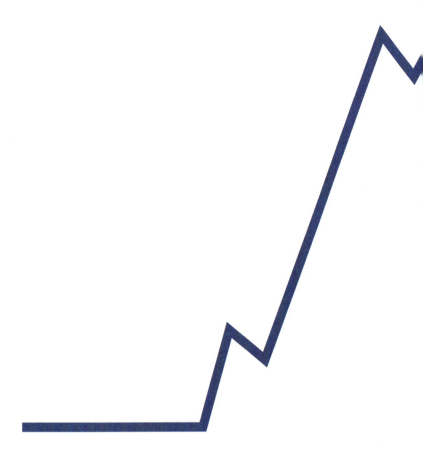

Zusammenfassung

Die bekanntesten gleitenden Durchschnitte, international als Moving Averages (MA) bezeichnet, nämlich der einfache gleitende Durchschnitt (MAS), der exponentielle gleitende Durchschnitt (MAE) und der gewichtete gleitende Durchschnitt (MAW), werden mithilfe des sogenannten Abtasttheorems aus dem Gebiet der Signalübertragung modifiziert. Diese mit dem Abtasttheorem modifizierten MA,

MOVING AVERAGES (MA) IN NEUER DIMENSION

Dr. Manfred G. Dürschner

mit der Kurzbezeichnung NMA, weisen je nach Periodeneinstellung eine sehr gute Glättung auf, bilden Trends sehr gut ab und erkennen Wendepunkte im Kursverlauf zumindest rechnerisch ohne Zeitverzögerung. Hinsichtlich Glättung, Trenddarstellung und Zeitverzögerung stellen sie eine wesentliche Verbesserung gegenüber den herkömmlichen MAS, MAE und MAW dar. Dies wird an zahlreichen Beispielen gezeigt. Darüber hinaus lassen sich mit den NMA klassische Indikatoren-Konzepte verbessern. Diese Verbesserungen klassischer

Indikatoren-Konzepte werden übersichtlich dargestellt und sollen dazu anregen, die Vorteile der NMA gegenüber den Standard-MA zu nutzen und auf nicht angesprochene Konzepte und Indikatoren zu übertragen.

Im letzten Teil des Beitrags wird ein völlig neuer Ansatz zur Analyse von Kurszeitreihen vorgestellt. Dieser Ansatz trägt dem nichtstationären und nichtlinearen Charakter von Kurszeitreihen Rechnung, der in der klassischen Technischen Analyse nicht berücksichtigt wird.

1. EINFÜHRUNG

Moving Averages (MA) sind die in der Technischen Analyse am häufigsten verwendeten Indikatoren. Bei ihrer Anwendung auf eine Kurszeitreihe wird die durch den unruhigen Kursverlauf dargestellte Marktsituation geglättet. Viele der chaotischen Kursausschläge werden dabei eliminiert, der geglättete Kursverlauf legt gewissermaßen einen begehbaren, vorteilhaften Pfad durch das Zickzack-Dickicht des originalen Kursverlaufs. Im Folgenden wird die Abkürzung MA generell für gleitende Durchschnitte verwendet, sowohl in der Einzahl als auch in der Mehrzahl.

Die Bezeichnung MA weist auf seine Berechnung hin: Der Durchschnitt wird über eine bestimmte Anzahl von Kursen berechnet (zum Beispiel Minutenkurse über 15 Minuten, Tageskurse über 20 Tage, Wochenkurse über 10 Wochen). In den genannten Beispielen sind die Werte 15, 20 und 10 die Größe der Berechnungsperiode (Periodeneinstellung) und die Minuten, Tage oder Wochen die Basiszeiteinheit. Die Durchschnittsberechnung erfolgt dann sukzessive durch Verschiebung des „Periodenfensters", in unserem Beispiel 15, 20 oder 10, um jeweils eine Basiszeiteinheit (Minuten, Tage oder Wochen). Die Berechnungsperiode oder das „Periodenfenster" gleitet mit der

Schrittweite einer Basiszeiteinheit über den Kursverlauf. Details dazu folgen weiter unten.

Die vorteilhafte Durchschnittsberechnung ist die am meisten geschätzte Eigenschaft der MA. Sie bildet nämlich in weicheren, glatteren und damit anschaulicheren Mustern die Bewegungen des Kursverlaufs nach. Die Durchschnittsberechnung bringt jedoch auch den Hauptnachteil der MA mit sich: eine zeitliche Verzögerung, englisch auch „lag" genannt, zwischen dem originalen Kursverlauf und dem MA. Zwei sehr wesentliche Eigenschaften sind es also, die die MA charakterisieren:

- die Glättung des Kursverlaufs und
- die Verzögerung gegenüber dem Kursverlauf.

Beide Eigenschaften sind in den zwei Abbildungen 1 und 2 dargestellt. In beiden sind neben dem Kursverlauf in Heikin-Ashi-Darstellung (S&P 500 im Zeitraum März bis August 2011) jeweils drei MA eingezeichnet: Der MAS[Close| n)] als rote, der MAE[Close| n] als

Abb. 1: Vergleich von MAS, MAE und MAW (Periode n = 200)

blaue und der MAW[Close| n] als schwarze Linie. In Abbildung 1 beträgt die Periodeneinstellung n = 200 Tage und n = 21 Tage in Abbildung 2. Alle drei MA wurden auf den Schlusskurs (Close) berechnet. Berechnungsdetails für die MA können der vielfältigen Standardliteratur zur Technischen Analyse entnommen werden, unter anderem [1].

In Abbildung 1 mit der langen Periodeneinstellung n = 200 kommt das Glättungsverhalten der einzelnen MA sehr deutlich zum Ausdruck. Darüber hinaus ist ersichtlich, dass der MAW näher am Kurs verläuft als der MAE und der MAS.

Abb. 2: Vergleich von MAS, MAE und MAW (Periode n = 21)

Abbildung 2 mit der Periodeneinstellung n = 21 verdeutlicht die Verzögerung gegenüber dem Kursverlauf.

Die Wendepunkte der MA sind gegenüber denjenigen des Kursverlaufs zeitlich verzögert. Diese Eigenschaft der MA ist umso ausgeprägter, je länger die Periodeneinstellung gewählt wird. Kürzere Periodeneinstellungen reduzieren die negative Verzögerungseigenschaft der

MA, doch geht das auf Kosten des Glättungsverhaltens. Die MA in Abbildung 2 glätten den Kursverlauf deutlich weniger als diejenigen in Abbildung 1. Die beiden charakteristischen Eigenschaften der MA, Glättung und Verzögerung, haben eine gegenläufige Wirkung: Eine gewünschte hohe Glättung geht zulasten einer Verzögerung der Wendepunkte im Kursverlauf und umgekehrt. Diese Verzögerung ist eine Folge der den MA zugrunde liegenden Berechnungsmethode.

2. NMA – EIN NEUARTIGER MA

2.1 URSACHE UND QUANTIFIZIERUNG DER ZEITVERZÖGERUNG

Die Ursache für die Verzögerung der MA gegenüber dem Kursverlauf liegt im Prinzip der MA-Berechnung. Anhand Abbildung 3 wird dieser Sachverhalt näher erläutert.

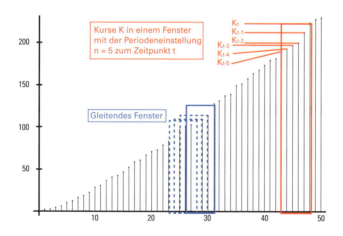

Abb. 3: Prinzip der MA-Berechnung

Mit der Wahl der Periodeneinstellung, allgemein mit n bezeichnet, wird ein „Fenster" mit der Breite n definiert, das im Takt der Basiszeiteinheit über den Kursverlauf gleitet.

In Abbildung 3 ist ein Fenster mit der Periodenbreite n = 5 (Basiszeiteinheit: Tage) rot und entsprechende gleitende „Periodenfenster" an anderer Stelle blau eingezeichnet. Das Gleiten des Fensters beginnt am neuesten zur Verfügung stehenden Kurs, im Chart also ganz rechts, und endet am ältesten verfügbaren Kurs, im Chart ganz links, wobei das Vorrücken des Fensters im Rhythmus eines Tages erfolgt, da Tag als Basiszeiteinheit gewählt wurde. An jeder Stelle, an der sich das Fenster gerade befindet, erfolgt eine Durchschnittsberechnung oder Mittelwertbildung der im Fenster enthaltenen Kurse. Die MA unterscheiden sich in den verschiedenen Methoden der Mittelwertberechnung. Beispielsweise erfolgt die Mittelwertberechnung beim MAS dadurch, dass die im Fenster enthaltenen Kurse addiert und durch ihre Anzahl dividiert werden. Der errechnete Mittelwert wird nun bei allen MA dem rechten Fensterrand zugeordnet, was jedoch der Mittelwertberechnung widerspricht. Der Mittelwert müsste richtigerweise einem Zeitpunkt im gewählten Fenster zugeordnet werden und nicht dem rechten Rand. Im Falle des MAS wäre das korrekterweise die Fenstermitte. Würde man diese korrekte Zuordnung allerdings vornehmen, dann hätte man jedoch an der rechten Kursbegrenzung, für die Analyse der wichtigste Teil, keine Werte des MA zur Verfügung. Aus dieser notgedrungenen Verschiebung des Mittelwertes zum rechten Fensterrand hin resultiert die Verzögerung.

Die Verzögerung für die einzelnen MA lässt sich mithilfe der Periodeneinstellung n berechnen [2]. In Abbildung 4 sind die Formeln für die Verzögerungen des MAS, des MAE und des MAW in Abhängigkeit von der Periodeneinstellung n kommentiert zusammengestellt.

Auffällig an den drei Formeln ist, dass der MAW die geringste Verzögerung aufweist. Deshalb ist es etwas unverständlich, dass der MAS mit der längeren Verzögerung in der Periodeneinstellung 200

$$\text{Verzögerung}_{MAS} = \frac{n-1}{2}$$

$$\text{Verzögerung}_{MAE} = \frac{1}{\alpha}$$

Für die übliche Standardeinstellung des Gewichtungsfaktors α

$$\alpha = \frac{2}{n+1}$$

ergibt sich: $\text{Verzögerung}_{MAS} = \frac{n-1}{2} = \text{Verzögerung}_{MAE}$

Bei gleicher Verzögerung im Vergleich zum MAS ist die Glättung des MAE stärker ausgeprägt als beim MAS. Wird mit dem Gewichtungsfaktor α nicht die Standardeinstellung gewählt, dann gilt die Aussage $\text{Verzögerung}_{MAS} = \text{Verzögerung}_{MAE}$ nicht.

$$\text{Verzögerung}_{MAW} = \frac{n-1}{3}$$

Wird der MAE in der Standardeinstellung hinsichtlich des Gewichtsfaktors α verwendet, dann hat der MAW im Vergleich zu MAS und MAE die geringste Verzögerung.

Abb. 4: Die Verzögerung von MAS, MAE und MAW

Tage der am häufigsten verwendete MA ist. Der MAS[Kurs |200] hat eine Verzögerung von (200 – 1) / 2 = 99,5 Tagen, während ein MAW in der gleichen Einstellung nur eine Verzögerung von 66,3 Tagen aufweist. Die kritische Bemerkung sei erlaubt, dass ein MA in der Periodeneinstellung 200, insbesondere der MAS, auf den heutigen, sehr volatilen Märkten nur begrenzte Aussagekraft haben kann.

MAS, MAE und MAW sind die gebräuchlichsten MA. Moderne Varianten wie der KAMA und der VIDYA (siehe dazu [1], [6] oder [8]) sind adaptive Varianten des MAE und werden nachfolgend nicht weiter betrachtet, ebenso wie die Lineare Regression. Weiter oben wurde darauf hingewiesen, dass die zeitliche Verzögerung ein wesentlicher Nachteil der MA ist. Nachfolgend wird nun eine Gruppe von MA beschrieben, die eine hohe Glättungswirkung bei gleichzeitiger sehr geringer Verzögerung haben.

2.2 ANSÄTZE ZUR REDUZIERUNG DER ZEITVERZÖGERUNG

Patrick Mulloy hat im Magazin *Stocks & Commodities* (Februar 1994) einen wegweisenden Ansatz präsentiert, um die Zeitverzögerung bei einem MAE zu reduzieren. Er wendet gemäß der nachfolgenden Beziehung

$$TEMA = 3*MAE - 3*MAE(MAE) + MAE[MAE(MAE)]$$

einen MAE ein- beziehungsweise zweimal auf sich selbst an und kombiniert die Ergebnisse mit dem originalen MAE. Ausgeschrieben bedeutet die Kurzschreibweise:

$$MAE = MAE[Kurs| n],$$
$$MAE(MAE) = MAE[MAE| n],$$
$$MAE[MAE(MAE)] = MAE[MAE(MAE)| n].$$

Der TEMA von Patrick Mulloy ist im Vergleich zum MAE in Abbildung 5 dargestellt, beide mit den Periodeneinstellungen 21 und 200 Tage. Zusätzlich ist im Anhang 1 der Programmcode für das Börsenprogramm Investox angegeben.

Der TEMA ist in beiden Periodeneinstellungen eine wesentliche Verbesserung gegenüber dem MAE. Der TEMA folgt dem Kursverlauf wesentlich zeitnäher als der MAE, was im Vergleich der beiden MA in der Periodeneinstellung 200 Tage besonders offensichtlich ist.

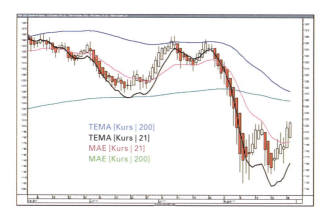

Abb. 5: Vergleich des TEMA mit dem MAE

Im Jahr 2001 hat John F. Ehlers einen einfacheren und verallgemeinerten Ansatz für einen MA mit reduzierter Zeitverzögerung vorgestellt [3]. Sein Ansatz lautet:

MMAX[Kurs| n] = 2*MAX[Kurs| n] – MAX[MAX[Kurs| n]| n].

Ehlers benutzt einen MA (MAX = MAS, MAE oder MAW) und wendet diesen MA ein zweites Mal auf sich selbst an. Das Ergebnis MAX[MAX[Kurs| n]| n] wird vom einfachen MA, multipliziert mit dem Faktor 2, subtrahiert (Periodeneinstellung n). Der so modifizierte MA (Bezeichnung MMAX) ist im Vergleich zum MAW in Abbildung 6 dargestellt (MAX = MAW, Periodeneinstellung n = 21 und n = 200). Der entsprechende Programmcode für das Börsenprogramm Investox findet sich im Anhang.

Die einfachere Beziehung von Ehlers liefert hinsichtlich der Wendepunkte im Kursverlauf nahezu das gleiche Ergebnis wie der TEMA. Sowohl im Falle des TEMA als auch des MMAW sind die erheblich reduzierten Verzögerungen gegenüber dem MAE und dem MAW offensichtlich.

Abb. 6: Vergleich des MMAW mit dem MAW

In beiden Ansätzen wird ein MA einmal auf den Kursverlauf und zum anderen auf sich selbst angewendet. Betrachtet man nun den Kursverlauf und die darauf angewendeten MA ganz allgemein als Signale in Zeitdarstellung und übernimmt für ihre Verarbeitung Erkenntnisse aus dem Gebiet der Signalübertragung, dann lässt sich ableiten, dass die oben beschriebene Anwendung eines MA auf sich selbst bestenfalls nur näherungsweise richtig ist und wesentlich verbessert werden kann. Dies wird nun konkret mithilfe des Abtasttheorems aus der Signalverarbeitung gezeigt.

2.3 ABTASTTHEOREM

Die Anwendung eines MA auf sich selbst lässt sich signaltheoretisch als eine Abtastung verstehen: Mit einem Tastsignal, in unsrem Fall ist dies der MA, wird ein zu analysierendes Signal, dies ist bei Mulloy und Ehlers wieder der MA, abgetastet. Wenn dabei Zusatzperioden, die im Kurs nicht enthalten sind, vermieden werden sollen, dann muss die Abtastung dem Abtasttheorem (Nyquist-Shannon-Abtasttheorem: siehe [4] und [5]) gehorchen. Das Abtasttheorem wird in der Signalverarbeitung üblicherweise auf Frequenzbasis definiert. Da eine Frequenz direkt proportional zu einer reziproken Periode und die Periodeneinstellung der übliche Parameter der Technischen Analyse ist, wird das Abtasttheorem hier in der folgenden Formulierung verwendet:

$$n = \lambda * na, \text{ mit } \lambda \geq 2.$$

Dabei ist n die Periodeneinstellung für den primären MA (MA: das zu analysierende Signal), auf den ein weiterer MA (MAa: das abgetastete Signal) mit der Periodeneinstellung na angewendet wird. n muss dabei mindestens doppelt so groß sein wie na, die sogenannte Abtastperiode. In den Ansätzen von Mulloy und Ehlers sind diese beiden Periodeneinstellungen jedoch gleich.

2.4 MOVING AVERAGES 3.0

Bezeichnet man die MA-Gruppe MAS, MAE und MAW mit „Moving Averages 1.0" und die Ansätze von Mulloy und Ehlers mit „Moving Averages 2.0", dann bietet es sich an, die Gruppe der auf der Basis des Abtasttheorems abgeleiteten MA mit „Moving Averages 3.0" zu bezeichnen. Sie stellen gewissermaßen gleitende Durchschnitte einer neuen Dimension dar. Mithilfe des Abtasttheorems wird nun im Folgenden eine Beziehung abgeleitet, die die Anwendung eines MA auf sich selbst exakter beschreibt und die Gruppe der Moving Averages 3.0 definiert.

In Abbildung 7 ist schematisch ein Kursverlauf (schwarze Linie), ein MA mit der Verzögerung L1 auf den Kursverlauf (MA1, rote Linie) und ein MA mit der Verzögerung L2 (MA2, blaue Linie) auf den MA1 dargestellt.

Aufgrund der Näherung und den angegebenen Beziehungen in der Abbildung 7 gilt folgende Gleichung:

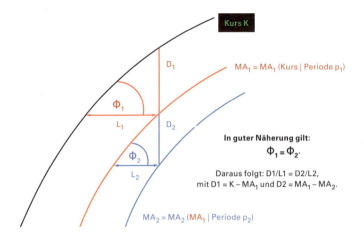

Abb. 7: Schematische Kursdarstellung mit zwei zeitverzögerten MA

1. $D_1 / D_2 = (K - MA_1) / (MA_1 - MA_2) = L_1 / L_2$.

Für den Quotienten L_1 / L_2 ergibt sich mit den in Abbildung 4 angegebenen zeitlichen Verzögerungen:

$$\alpha := L_1 / L_2 = (n_1 - 1) / (n_2 - 1).$$

In diesem Ausdruck fehlen sowohl der Nenner 2 für den MAS und den MAE als auch der Nenner 3 für den MAW. α gilt damit für alle drei MA: für den MA, den MAE und den MAW.

Setzt man in diesen Ausdruck das Abtasttheorem $n = \lambda * n_a$ mit $\lambda \geq 2$ ($n_1 = n$ und $n_2 = n_a$) ein, dann erhält man:

2. $\alpha = \lambda * (n - 1) / (n - \lambda)$.

(2.) in (1.) eingesetzt ergibt:

3. $K - MA_1 = \alpha (MA_1 - MA_2)$

MOVING AVERAGES (MA) IN NEUER DIMENSION

Aufgrund der Näherung für die in der Abbildung 7 angegebenen Winkel ist die Gleichung (3.) nicht exakt erfüllt, sonst könnte der Kurs K durch die beiden MA exakt reproduziert werden. Ersetzt man in (3.) den Kursverlauf K mit der Näherungsgröße NMAX und löst die Gleichung nach ihr auf, dann erhält man:

4. $NMAX = (1 + \alpha) MA_1 - \alpha MA_2$.

Auf der rechten Seite von (4.) stehen zwei mit konstanten Faktoren, bei vorgegebener Periodenwahl, versehene MA. Damit stellt die Näherungsgröße NMAX ebenfalls einen MA dar. Aufgrund der Herleitung ist NMAX der mithilfe des Abtasttheorems verbesserte MA, wobei der Buchstabe „N" für Nyquist steht. Schreibt man MA für MA1 und MAa für MA2, was lediglich eine Umbenennung ist, dann lautet Gleichung (4.) ausführlich geschrieben:

5. $NMAX[Kurs| n, n_a] = (1 + \alpha) MAX[Kurs| n] - \alpha MAX_a[MAX| n_a]$,

wobei für α der Ausdruck (2.) gilt:

6. $\alpha = \lambda^* (n - 1) / (n - \lambda)$, mit $\lambda \geq 2$.

Der Buchstabe „X" steht stellvertretend für die Buchstaben „A", „E" und „W", um auszudrücken, dass in Gleichung (5.) sowohl der MAS, der MAE oder der MAW, wie bereits oben erwähnt, verwendet werden kann. Da der MAW die kleinste Zeitverzögerung (siehe Abbildung 4) aufweist, dürfte er wohl meistens als erste Wahl für den NMAX gelten. Praktisch ist aufgrund der Gleichungen (5.) und (6.) wie folgt zu verfahren:

- MAX[Kurs| n]: Wende einen MAS, MAE oder MAW mit der Periodeneinstellung n auf den Kursverlauf an.

- Wähle einen Wert $\lambda = 2$ oder größer – 3 oder 4 liefern in den meisten Fällen sehr gute Ergebnisse – und berechne zusammen mit der Periodeneinstellung n den Wert für α.
- Multipliziere MAX[Kurs| n] mit ($\alpha + 1$).
- $MAX_a[MAX| n_a]$: Wende einen zweiten MA, den Abtast-MA, auf den MAX mit der Periodeneinstellung n / λ (Beispiel: n = 21 und $\lambda = 3$ ergibt für $n_a = 7$) an.
- Multipliziere den Abtast-MA MAX_a mit dem bereits berechneten Wert für α.
- Subtrahiere α $MAX_a[MAX| n_a]$ von $(1 + \alpha)$ MAX[Kurs| n).

Im Anhang ist der entsprechende Investox-Programmcode für den NMAX angegeben.

Die Verzögerungen für die einzelnen Standard-MA (MAS, MAE und MAW) betragen $(n - 1) / z$, wobei z = 2 für den MAS/MAE gilt und z = 3 für den MAW. Setzt man dies in (5.) ein, dann ergibt eine kurze, einfache Rechnung, wobei die Verzögerung für $MAX[MAX_a]$ additiv anzusetzen ist, dass die Verzögerung für den NMAX rechnerisch den Wert 0 annimmt. Mit $n = n_a$ ergibt sich für λ und in der Folge für α der Wert 1. Dann geht die Gleichung (5.) in die Formel von Ehlers über. Die Ehlers-Formel ist damit als Grenzfall in der obigen NMAX-Gleichung (5.) enthalten.

2.5 NMAX IM VERGLEICH

In den Abbildungen 8 bis 11 wird beispielhaft dargestellt, wie der NMAX sich im Vergleich zu den Standard-MA (MAS, MAE und MAW) sowie zum Ansatz MMAX von John F. Ehlers verhält.

Abbildung 8 zeigt den NMAX in der Periodeneinstellung n = 21 mit der Abtastperiode $n_a = 5$ sowie für X = S, E und W, also bei Verwendung der drei Standard-MA im Ausdruck (5.), mit den Kurzbezeichnungen NMAS, NMAE und NMAW.

MOVING AVERAGES (MA) IN NEUER DIMENSION

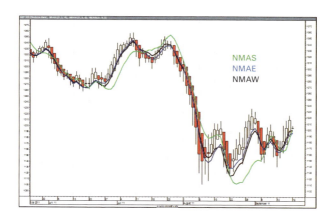

Abb. 8: Vergleich von NMAS, NMAE und NMAW (n = 21, n_a = 5)

Abbildung 8 verdeutlicht, wie im Fall der Standard-MA, dass die MAW-Variante des NMAX gegenüber der MAS- beziehungsweise der MAE-Variante näher am Kurs ist und die Wendepunkte im Kursverlauf geringer verzögert sind.

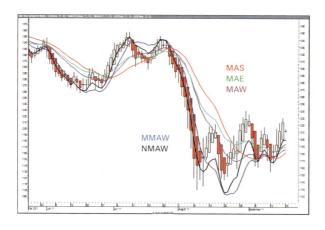

Abb. 9: Vergleich von MAS, MAE und MAW mit MMAW/NMAW (n = 21)

145

In der Periodeneinstellung n = 21 (für den NMAW zusätzlich n_a = 5) wird in Abbildung 9 ein NMAW mit einem MMAW (Ansatz von John F. Ehlers) und den drei Standard-MA verglichen.

Deutlich ist erkennbar, dass der MMAW eine Verbesserung gegenüber den drei Standard-MA darstellt und der NMAW wiederum den MMAW hinsichtlich Kursnähe und Verzögerungsreduzierung der Wendepunkte übertrifft.

In Abbildung 10 werden die verschiedenen Varianten hinsichtlich des gewichteten MA dargestellt. Verglichen wird ein gewichteter MAW mit einem MMAW und einem NMAW. Die Periodeneinstellung beträgt n = 21 und zusätzlich n_a = 5 für die Abtastperiode beim NMAW.

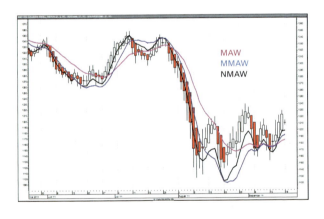

Abb. 10: Vergleich MAW, MMAW und NMAW (n = 21)

Auch in diesem Vergleich sind die Vorteile des NMAX, hier im Falle des NMAW, der NMAX in seiner gewichteten Version, klar ersichtlich.

In Abbildung 11 ist, wie in Abbildung 10, ein Vergleich hinsichtlich der verschiedenen gewichteten MA wiedergegeben: MAW, MMAW und NMAW. Die Periodeneinstellung beträgt bei allen drei MA jedoch n = 200. Außerdem ist in dieser Abbildung der Einfluss zweier verschiedener Abtastperioden auf denselben NMAW sichtbar.

Abb. 11: Vergleich MAW, MMAW und NMAW (n = 200)

Auch in der Periodeneinstellung n = 200 zeigt der NMAX in seiner gewichteten Variante NMAW, dass er hinsichtlich der Nähe am Kurs und der Wendepunkte im Kursverlauf vorteilhaft ist. Darüber hinaus zeigt Abbildung 11, dass längere Abtastperioden eine geringere Kursnähe bewirken: Je kürzer die Abtastperiode, bei gleicher Periodeneinstellung, desto näher ist der NMAW am Kurs. Dieser Einfluss gilt nicht nur für die gewichtete Variante, sondern auch für den NMAS und den NMAE.

Die in den Abbildungen 8 bis 11 beispielhaft gezeigten Eigenschaften des NMAX gelten allgemein:

- Der NMAX ist bei gleicher Periodeneinstellung im Vergleich zu anderen MA näher am Kurs.

- Die durch den NMAX markierten Wendepunkte haben eine geringere Zeitverzögerung als vergleichbare MA, eine Folge des vorgenannten Punktes.
- Bei gleicher Periodeneinstellung wird die Kursnähe des NMAX durch eine Verkleinerung der Abtastperiode reduziert.

Die praktische Auswirkung der wesentlich verbesserten Kursnähe des NMAX kann einmal in einem individuell ausgewählten Handelssystem oder in der Verbesserung bekannter technischer Indikatoren zum Ausdruck gebracht werden. Letzterem wird der Vorzug gegeben: Die signifikante Reduzierung der Zeitverzögerung der Wendepunkte im Kursverlauf, der entscheidende Vorteil des NMAX, wird nachfolgend für die Verbesserung technischer Indikatoren benützt. Dies wird an einfachen Beispielen gezeigt, nämlich

- am ADX (Average Directional Index), einem Trendbestimmungs-Indikator,
- dem MACD, einem der bekanntesten Trendfolge-Indikatoren,
- und dem SRSI, einem Momentum-Oszillator, der die hinlänglich bekannten Schwächen des RSI (Relative Strength Index) vermeidet und eine wirkliche Verbesserung des RSI darstellt.

Die Auswahl ist willkürlich. Sie soll nur Anregungen vermitteln. Dem Leser bleibt es überlassen, die Verwendung des NMAX auch auf andere technische Indikatoren kreativ zu übertragen.

Zusammenfassend kann die Aussage gemacht werden, dass der NMAX (Moving Averages 3.0) auf der Basis des Abtasttheorems eine deutliche Verbesserung im Vergleich zum MMAX von John F. Ehlers (Moving Averages 2.0) und den drei Standard-MA (Moving Averages 1.0: MAS, MAE, MAW) ist.

3. NMA-ANWENDUNGEN

3.1 VERBESSERUNG DES ADX

Der Average Directional Index (ADX) ist ein Trendbestimmungs-Indikator, der eine Komponente des Directional-Movement-Konzepts von Welles Wilder ist. Das Konzept wurde bereits Ende der 1970er-Jahre vorgestellt. Zu Details wird auf die Standardliteratur der Technischen Analyse verwiesen, unter anderem auf [1] und [6].

Die Grundaussage des ADX:
- Eine steigende ADX-Linie besagt, dass der Markt sich in einem steigenden oder fallenden Trend befindet.
- Eine steigende Linie sagt nichts über die Art des Trends aus, gibt jedoch einen Hinweis, dass Trendfolge-Indikatoren, insbesondere gleitende Durchschnitte, die geeigneten Indikatoren in dieser Marktphase sind.
- Je steiler die ADX-Linie, desto stärker ist der Trend.
- Ein sehr niedriger ADX-Wert, etwa 20 oder darunter, zeigt eine geringe Volatilität und die Abwesenheit jeglichen Trends an.
- Eine fallende oder stagnierende Linie signalisiert eine Seitwärtsbewegung des Kursverlaufs.
- Bei einer fallenden ADX-Linie sind Oszillatoren die geeigneten Indikatoren.
- Der ADX ist in einer Wocheneinstellung am effektivsten.

Demnach ist der ADX ein Filter, mit dessen Hilfe man eine Entscheidung hinsichtlich der Indikatorenauswahl treffen kann.

Der Berechnung des ADX erfolgt durch Glättung des Directional Movement Index (DMI) (siehe dazu ebenfalls [1] und [6]), wobei die Glättung mithilfe eines MAS erfolgt. Ersetzt man nun den MAS durch einen NMAX, dann wird hinsichtlich der Trendstärke eine wesentliche Verbesserung erzielt.

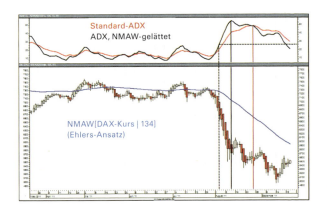

Abb. 12: Standard-ADX im Vergleich mit einem ADX, NMAW-geglättet

Der ADX ist aufgrund der Verzögerung des MAS zu träge: Meistens haben sich die Kurse bereits deutlich in Richtung eines Trends bewegt, bevor dies vom ADX angezeigt wird. In Abbildung 12 wird der Standard-ADX in der Periodeneinstellung n = 13 für den DMI und einen MAS mit einem modifizierten ADX verglichen, bei dem der MAS durch einen NMAW (Periodeneinstellungen n = 134 und n_a = 13) ersetzt wurde, bei gleicher DMI-Einstellung. Als Kursobjekt dient der DAX, der Anfang August 2011 stark zu fallen begann. Der Abfall des gleitenden Durchschnitts nach dem Ehlers-Konzept (blaue Line) – nach einer längeren waagrechten Phase – zeigt dies an. Die Zunahme der Trendstärke für diesen fallenden Trend wird vom ADX, geglättet mit dem NMAW (schwarze Linie), früher und deutlich ausgeprägter signalisiert, als dies der Standard-ADX (rote Linie) vermag. Das Maximum der Trendstärke wird beim Standard-ADX zu einem Zeitpunkt angezeigt, wo der Kursverfall bereits größtenteils stattgefunden hat, dagegen wird das Trendstärke-Maximum des ADX – geglättet mit dem NMAW – früher und nahezu konform zum Kursverlauf sowie der Kursschwankung erreicht.

3.2 VERBESSERUNG DES MACD

Der Moving Average Convergence Divergence (MACD) ist sicherlich einer der bekanntesten und am meisten verwendeten Trendfolge-Indikatoren. Er wurde von Gerald Appel ebenfalls in den späten 1970er-Jahren entwickelt. Details zu diesem Indikator findet man unter anderem wieder in [1] und [6].

Der Kern des MACD besteht aus der Differenz zweier MAE mit den Periodeneinstellungen n = 12 und n = 26 (Verkauf) beziehungsweise n = 17 und n = 8 (Kauf). Auf die sich daraus ergebende Indikatorlinie wird in beiden Fällen standardmäßig eine Signallinie mit n = 9 angewendet. Auf Wochenbasis zeigt der MACD im Allgemeinen eine bessere Performance als auf Tagesbasis.

Die MACD-Linie schwankt um eine Nulllinie. Wenn der MACD diese Linie schneidet, dann sind die Werte der beiden MAE gleich. Der Mittellinie kommt darüber hinaus eine Filterfunktion zu, um Handelssignale von gültigen und ungültigen Signalen zu unterscheiden.

Der MACD ist wie folgt zu interpretieren:
- Eine steigende MACD-Linie zeigt einen Aufwärtstrend an, eine fallende dagegen einen Abwärtstrend.
- Die Eröffnung einer Long-Position erfolgt bei einer steigenden MACD-Linie, kombiniert mit einem schnell reagierenden Indikator.
- Umgekehrt erfolgt die Eröffnung einer Short-Position bei einer fallenden MACD-Linie, wieder in Kombination mit einem schnell reagierenden Indikator.
- Der Abstand der MACD-Linie von der Nulllinie zeigt die Trendintensität an. Je größer dieser Abstand ist, desto größer ist die Trendintensität.
- Die Kreuzungspunkte zwischen der MACD-Linie und der Signallinie generieren die Handelssignale.

- Kreuzt die MACD-Linie die Signallinie von unten nach oben, ist ein Kaufsignal gegeben; im umgekehrten Fall liegt ein Verkaufssignal vor.
- Die besten Kaufsignale sind Kreuzungspunkte der MACD-Linie und der Signallinie von unten nach oben weit unterhalb der Nulllinie, die durch einen weiteren Indikator bestätigt werden. Der weitere Indikator ist notwendig, da es sich in einem solchen Fall um ein potenziell überverkauftes Signal bei hoher Abwärtstrend-Intensität handelt.
- Die besten Verkaufssignale sind Kreuzungspunkte der MACD-Linie und der Signallinie von oben nach unten weit oberhalb der Nulllinie. Auch hier ist wieder eine Bestätigung durch einen weiteren Indikator notwendig, da die Gefahr besteht – wegen der hohen Aufwärtstrend-Intensität –, ein überkauftes Signal gegen den Trend zu handeln.
- Divergenzen zwischen der MACD-Linie und dem Kursverlauf deuten auf bevorstehende Trendwechsel hin: Beim Vorliegen einer Divergenz wird ein steigender oder fallender Kursverlauf von einer waagrechten oder konträr verlaufenden MACD-Linie angezeigt.

Der MACD lässt sich demnach fast wie ein Oszillator interpretieren, um festzustellen, ob ein Markt zu weit gestiegen oder zu weit gefallen ist. Darauf beruht auch seine Beliebtheit.

Die mögliche Verbesserung des MACD mithilfe eines NMAX bietet sich von selbst an, nämlich dadurch, dass die beiden MAE durch zwei verschiedene NMAE – die exponentielle Variante des NMAX – ersetzt werden. In Abbildung 13 ist dies mit zwei verschiedenen NMAE auf Wochenbasis für den S&P 500 (Heikin-Ashi-Kursverlauf, unteres Chartfenster) dargestellt.

Das obere Chartfenster dieser Abbildung zeigt den Vergleich zwischen dem Standard-MACD (schwarze MACD-Linie, blaue Signallinie)

MOVING AVERAGES (MA) IN NEUER DIMENSION

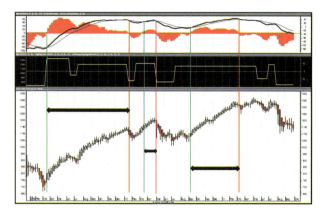

Abb. 13: Standard-MACD im Vergleich mit einem NMAE-modifizierten MACD

und einem modifizierten MACD, der mithilfe zweier NMAE (roter Verlauf mit Füllung zur Nulllinie) konstruiert wurde. Für den modifizierten MACD wurde keine Signallinie gezeichnet. Die Daten im Einzelnen:

- kurzfristiger MAE des Standard-MACD: n = 12,
- langfristiger MAE des Standard-MAE: n = 26,
- Signallinie des Standard-MAE: n = 9,
- kurzfristiger NMAE: n = 13, n_a = 5,
- langfristiger NMAE: n = 34, n_a = 13.

In dem oberen Chartfenster ist deutlich erkennbar, dass die Kreuzungspunkte des Standard-MACD (Kreuzung schwarzer mit blauer Linie) sehr genau mit den Kreuzungspunkten des modifizierten MACD mit seiner Nulllinie zusammenfallen. Der mit dem NMAE modifizierte MACD benötigt keine Signallinie und die Trendstärke, der Abstand der MACD-Linie von der Mittellinie, kommt ausgeprägter zum Ausdruck. Der modifizierte MACD ist damit vorteilhafter als seine klassische Variante.

Als Handelssignale dienten einmal die Kreuzungspunkte des Standard-MACD und zum anderen die Kreuzungspunkte des modifizierten MACD mit der Nulllinie. Drei Handelspositionen sind in Abbildung 13 eingezeichnet, gekennzeichnet mit schwarzen, waagrechten Blockpfeilen. Der Einstieg in die Position ist mit einer grünen senkrechten Linie markiert, der Ausstieg mit einer roten senkrechten Linie.

Im mittleren Chartfenster ist ein digitaler, schnell reagierender Indikator zu sehen, der die MACD-Handelssignale bestätigen soll. Seine Konstruktion:

- Anwendung eines NMAW[$n = 21$, $n_a = 5$] auf den Kursverlauf,
- Anwendung eines ZigZag [2 %] auf den NMAW,
- Anwendung eines Steigungs-Indikators (Lineare Regression) mit $n = 2$.

Details zu den beiden Indikatoren, ZigZag und Steigungs-Indikator, können zum Beispiel wieder in [1] und [6] nachgelesen werden. Letzterer dient in diesem Zusammenhang lediglich zur deutlichen und klaren Visualisierung der Wendepunkte, da er den Verlauf des ZigZag-Indikators – zusammengesetzt aus steigenden und fallenden Geraden – in eine stufenförmige, digitale Darstellung umwandelt. Auf die Kombination des ZigZag mit einem NMAX wird im nächsten Abschnitt detailliert eingegangen. Dort wird gezeigt, dass die negative Eigenschaft des ZigZag – nämlich seine rückwirkende Nachjustierung – bei der Anwendung auf einen NMAX mit einer Wahrscheinlichkeit von mehr als 97 % nicht gegeben ist.

Die nähere Analyse der drei Handelspositionen ergibt folgende Einzelheiten:

- Ein Kaufsignal ergab sich bei der Kreuzung des modifizierten MACD mit seiner Nulllinie von unten nach oben. Der bestätigende, digitale Indikator hatte zu diesem Zeitpunkt bereits seine Nulllinie nach oben übersprungen oder tat dies zeitgleich.

- Ein Verkaufssignal ergab sich bei der Kreuzung des modifizierten MACD mit seiner Nulllinie von oben nach unten. Der bestätigende, digitale Indikator hatte zu diesem Zeitpunkt bereits seine Nulllinie nach unten übersprungen oder tat dies zeitgleich.

Die angesprochene Kombination des ZigZag-Indikators mit einem NMAX beziehungsweise seine stufenförmige, digitale Indikatordarstellung mithilfe eines Steigungs-Indikators auf Basis der Linearen Regression sowie ihre praktische Anwendung sind keine Standardwerkzeuge der Technischen Analyse. Angewendet auf der Grundlage ihrer herkömmlichen Beschreibung und Darstellung, sind sie darüber hinaus auch noch problematisch. Aus diesem Grund wird im folgenden Abschnitt darauf näher eingegangen.

3.3 DIGITALER SRSI

Der SRSI ist eine Kombination der Stochastik und des Relative Strength Index (RSI), wobei der RSI auf den Kursverlauf und die Stochastik auf das daraus resultierende Ergebnis – also auf den RSI – angewendet wird. Hinsichtlich der beiden Standard-Indikatoren Stochastik und RSI als auch hinsichtlich des SRSI wird wieder auf die einschlägige Literatur verwiesen. [1] und [6] sind zwei bereits genannte Beispiele. Der SRSI ist eine wirklich interessante Weiterentwicklung des RSI und wurde von Tushard Chande und Stanley Kroll 1994 vorgestellt. Der SRSI beseitigt die hinlänglich bekannten Schwächen des RSI und kann sowohl als Trendfilter als auch Timing-Indikator auf den unterschiedlichsten Zeitebenen verwendet werden. Der SRSI-Oszillator bewegt sich im Wertebereich von 0 bis 100. In einer digitalisierten Form wird der SRSI im Folgenden dazu verwendet, die Richtigkeit der obigen ZigZag-Anwendung zu zeigen.

In Abbildung 14 werden zwei Varianten des SRSI mit dem ZigZag-Indikator verglichen. Als Basiswert dient der S&P 500 auf Wochenebene.

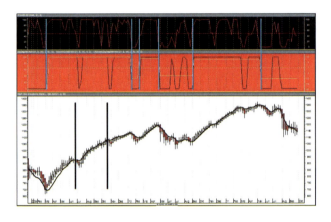

Abb. 14: Vergleich des SRSI mit einem modifizierten ZigZag-Indikator

Im oberen Chartfenster (schwarzer Hintergrund) ist ein SRSI (rote Linie) mit den Einstellungen n = 21 für den RSI und n = 8 für die Stochastik dargestellt, wobei diese Einstellungen nur beispielhaft sind. Von Bedeutung für das Folgende sind lediglich die Kreuzungen mit der waagrechten Linie, die den SRSI-Wert 50 markiert. Einen zweiten SRSI (schwarze Linie) mit einem stufenförmigen Verlauf beinhaltet das mittlere Chartfenster (roter Hintergrund).

Der stufenförmige, digitalisierte SRSI im rot unterlegten mittleren Chartfenster weicht von der üblichen Anwendung technischer Indikatoren ab. Dieser digitalisierte SRSI resultiert aus seiner Anwendung auf einen NMAW[Kurs| n =21, n_a = 8] und nicht auf den Kursverlauf des S&P 500. Für den SRSI wurden die Einstellungen n = 5 für den RSI und n = 3 für die Stochastik gewählt. Bei dieser Art der Anwendung fällt dem NMAW die Rolle zu, den Kursverlauf zeitnah darzustellen und die kleinen, nicht relevanten Schwankungen des Kurses herauszufiltern. Wenn dann der SRSI auf diesen geglätteten Kursverlauf angewendet wird, dann werden durch den sich ergebenden digitalen Indikatorverlauf zwischen 0 und 100 die Handelssignale sehr deutlich dargestellt. Ein Kaufsignal einer Long-Position wird generiert, wenn der digitale SRSI von 0 auf den Wert 100 springt, wobei der Sprung durch die Kreuzung mit der Niveaulinie 50 genauer definiert ist. Das entsprechende Verkaufssignal wird durch einen Sprung vom Wert 100 auf 0 angezeigt. Solange der digitale SRSI-Indikator auf dem Niveau 100 verharrt, bleibt man investiert. An zwei Stellen, mit zwei senkrechten schwarzen Linien im unteren Chartfenster markiert, generiert der SRSI Verkaufssignale, die kurze Zeit später wieder von Kaufsignalen abgelöst werden. Die beiden Ausstiege sind in dem lang anhaltenden, starken Trend nicht sinnvoll. Unter Berücksichtigung eines ZigZag-Indikators, ebenfalls angewendet auf den NMAW[Kurs| $n = 21$, $n_a = 8$], zusammen mit dem Steigungs-Indikator (Lineare Regression, $n = 2$), können die beiden Ausstiege unberücksichtigt bleiben. Dies verdeutlicht der weiße, digitale Linienverlauf, der sich aus dieser Konstruktion ergibt. Einstiegs- und Ausstiegssignal dieses digitalen Indikators fallen mit den entsprechenden SRSI-Signalen zusammen. Dies ist nun die entscheidende Aussage hinsichtlich des problematischen ZigZag-Indikators. Die Gültigkeit seiner Signalgebung kann mithilfe des SRSI überprüft werden. Andere Indikatoren – wie zum Beispiel die Double Smoothed Stochastik von Walter Bressert (DSSB) – leisten Ähnliches, doch der SRSI hat sich in sehr vielen Fällen als am zuverlässigsten und aussagekräftigsten erwiesen. Seine Signale gleichen denjenigen des oben beschriebenen modifizierten ZigZag-Indikators mit einer Wahrscheinlichkeit von über 97 %. Vereinzelte Abweichungen (nicht größer als 3 %) treten auf, das heißt, dass in diesen Fällen die SRSI-Signale zeitlich nicht genau mit den ZigZag-Signalen zusammenfallen. Der zeitliche Abstand ist jedoch mit ein bis zwei Basiszeiteinheiten klein und damit vernachlässigbar, auch angesichts der offensichtlichen Vorteile.

Unterstrichen werden nun diese Aussagen noch durch den SRSI, der in dem weiter oben bereits beschriebenen schwarzen Chartfenster dargestellt ist. Dieser SRSI wurde nicht auf den NMAW[Kurs| n = 21, n_a = 8] angewendet, sondern, wie üblich, auf den Kursverlauf. Durch die senkrechten blauen Linien kommt klar zum Ausdruck, dass die entsprechenden Signale von allen drei Indikatoren, den beiden SRSI und dem ZigZag-Indikator, korrespondieren beziehungsweise sogar zusammenfallen.

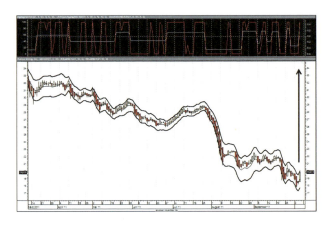

Abb. 15: Enter Suncor Energy Inc., WKN A0N JU2, 06. Oktober 2011

In den Abbildungen 15 bis einschließlich 18 werden diese Aussagen ein zweites Mal mit Enter- und Exit-Signalen zum 06. Oktober 2011 für die angegebenen Aktien belegt. Die beiden Aktien der Unternehmen Suncor Energy Inc. (TSX 60) und Express Scripts Inc. (Nasdaq 100) lieferten am 06. Oktober 2011 Kaufsignale, die vom ZigZag-Indikator und vom SRSI, beide in ihrer modifizierten Form, gleichzeitig angezeigt werden. Gleiches gilt für die beiden Exit-Signale der

MOVING AVERAGES (MA) IN NEUER DIMENSION

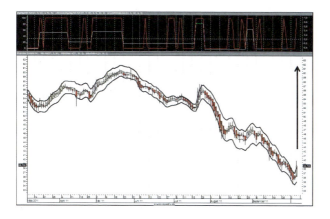

Abb. 16: Enter Express Scripts Inc., WKN 900 130, 06. Oktober 2011

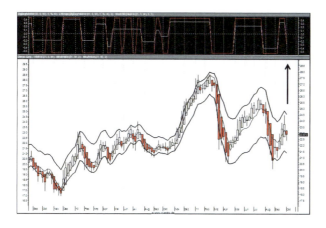

Abb. 17: Exit Denso Corp., WKN 858 734, 06. Oktober 2011

japanischen Unternehmen Denso Corp. und Fuji Electronics Co. Ltd. (beide Nikkei 225), ebenfalls zum 06. Oktober 2011.

Die beschriebene abweichende, jedoch sehr vorteilhafte Anwendung des ZigZag-Indikators konnte in sehr vielen Chartanalysen belegt werden. Der Grund für diese erfolgreiche Anwendung ist der NMA, der

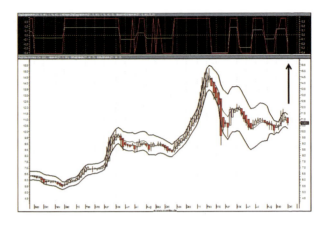

Abb. 18: Exit Fuji Electronics Co. Ltd., WKN 889 260, 06. Oktober 2011

in allen seinen Formen nahezu verzögerungsfrei glättet und die tatsächlichen Wendepunkte im Kursverlauf richtig markiert. Der Zig-Zag-Indikator weiß nämlich erst an einem tatsächlichen Wendepunkt, ob der zeitlich davor festgelegte Wendepunkt korrekt ist. Wenn der ZigZag auf einen richtig markierten Wendepunkt trifft, dann erfolgt keine rückwirkende Nachjustierung des zeitlich vorangegangenen Wendepunktes. Der ZigZag kann damit nicht nur zur Analyse von Zyklen und Trendrichtungen verwendet werden, sondern auch als Signal-Indikator, wenn er auf einen NMAW angewendet wird. Die drei Indikatoren, ZigZag, der Steigungs-Indikator LRS und die SRSI, sowie die Funktion der Anwendung eines Indikators auf einen Indikator sind standardmäßig im Börsenprogramm Investox enthalten, sodass auf die Angabe eines Programmcodes verzichtet wurde.

In den Abbildungen 15 bis 18 sind im unteren Chartfenster neben dem Kursverlauf in Heikin-Ashi-Darstellung noch Bänder, die den Kursverlauf umhüllen, eingezeichnet. Es handelt sich dabei um modifizierte Bollinger-Bänder, auf die im nächsten Abschnitt eingegangen wird.

3.4 MODIFIZIERTE BOLLINGER-BÄNDER

1983 präsentierte John Bollinger die sogenannten Bollinger-Bänder, wobei er selbst der Namensgeber war. Sie sind mittlerweile ein verbreitetes Verfahren der Chartanalyse und sind auf jeder Zeitebene einsetzbar. Eine ausführliche Darstellung der Bollinger-Bänder, mit vielen charttechnischen Details, findet sich in [7].

Die Bollinger-Bänder sind Kanallinien, die den Kursverlauf umschließen. Sie bestehen aus

einem oberen Band OB_t,
einem unteren Band UB_t und
einer Mittellinie.

Das obere und untere Band dienen zur Erfassung von Hoch- und Tiefpunkten, die Mittellinie, gebildet von einem MA, zeigt den mittelfristigen Trend an.

Berechnungsgrundlage der Bollinger-Bänder, im Weiteren mit BB abgekürzt, sind Elemente der Normalverteilung, nämlich der Mittelwert μ_t und die Standardabweichung σ_t. Kurszeitreihen beziehungsweise deren Renditen sind bestenfalls aber nur annähernd normalverteilt. Trotzdem haben sich die BB in der Technischen Analyse als tragfähig und robust erwiesen. Die Formeln für den Mittelwert und die Standardabweichung, wie sie bei den BB verwendet werden, entbehren einer theoretischen Grundlage, nämlich der Normalverteilung, und sollten deshalb lediglich als ein brauchbares und tragfähiges Rechenschema angesehen werden und nicht mehr.

Die obige Beschreibung der BB lässt sich folgendermaßen konkretisieren:

- Der Mittelwert μ_t der Kurse wird mithilfe eines MA berechnet.
- Die wesentlichen Kursschwankungen um den Mittelwert μ_t werden von einem Vielfachen (Faktor λ) der Standardabweichung σ_t begrenzt.

- Die Standardabweichung σ_t wird mit dem Faktor λ multipliziert ($\lambda^\star\sigma_t$). Die Addition des Wertes $\lambda^\star\sigma_t$ zum Mittelwert μ_t ergibt die obere Begrenzung (OB_t) der Kursschwankungen, die Subtraktion die untere Begrenzung (UB_t):
$OB_t = \mu_t + \lambda^\star\sigma_t$,
$UB_t = \mu_t - \lambda^\star\sigma_t$.
- Die Standardabweichung σ_t und der Mittelwert μt berechnen sich wie folgt:

$$\sigma_t = \sqrt{\frac{1}{n-1} \sum_{i=1}^{n} (K_i - \mu_t)^2}$$

$$\mu_t = K_t, K_{t-1}, K_{t-2}, \ldots, K_{t-n} = MA[Kurs|\,n]$$

Die Mittelwertberechnung erfolgt also auf der Basis eines MA mit der Periodenlänge n.

Die Parameter für die Berechnung der BB sind nach diesem Konzept:

- die Wahl eines geeigneten MA,
- die Periodenlänge n,
- die Kursart sowie
- der Faktor λ.

Als „Standardeinstellungen" wählte Bollinger die Werte n = 20 und λ = 2 sowie für die Kursart den Schlusskurs C_t, wobei er anmerkt, dass mit einem gewichteten Schlusskurs $(H_t + L_t + m^\star C_t)/(2 + m)$, mit m = 1 oder 2, bessere Ergebnisse erzielt werden können. Als MA empfiehlt Bollinger einen MAS[Kurs| n = 20]. Abweichende, sehr interessante Einstellungen für die BB finden sich in [8].

Aussagekräftiger als eine Liniendarstellung des Kursverlaufs zusammen mit den BB ist eine Barchart- oder Candlestick-Darstellung.

MOVING AVERAGES (MA) IN NEUER DIMENSION

Optimaler und konsequenter ist jedoch die Darstellung des Kursverlaufes mit Heikin-Ashi-Kerzen, da diese Kerzen sehr gut Trends anzeigen. Dies entspricht wiederum der Bedeutung der Mittellinie, die den mittelfristigen Trend anzeigt. Als Skalierung ist der logarithmischen Einstellung der Vorzug zu geben.

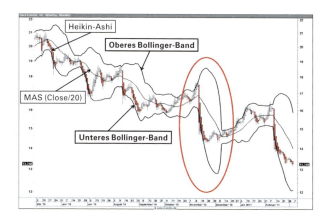

Abb. 19: Cisco Systems, WKN 878 841, mit BB in Standardeinstellung

Abbildung 19 zeigt den Kursverlauf von Cisco Systems im Zeitraum 19. April 2010 bis 18. Februar 2011 mit den BB in der Standardeinstellung.

Zunächst erkennt man den Kursverlauf in der Heikin-Ashi-Darstellung. Er wird vom oberen und unteren BB begrenzt. Zwischen den BB ist darüber hinaus die den Trend kennzeichnende Mittellinie (MAS[Close| 20]) eingezeichnet: Steigende Kurstrends verlaufen oberhalb der Mittellinie, fallende unterhalb. Der größte Teil der Kursschwankungen wird von den BB begrenzt. Eine Zunahme der Volatilität ist durch ein Ausweiten, eine Abnahme durch eine Verengung der BB gekennzeichnet.

Die Aktie wurde aufgrund einer Besonderheit ausgewählt. Auffallend in der Abbildung ist das blasenartige Ausweiten der BB in dem rot umrandeten Bereich. Das Ausweiten wird durch eine plötzliche und starke Kursbewegung – lange rote Heikin-Ashi-Kerzen – hervorgerufen, ein hoher Volatilitätswert wird angezeigt. Dieser hohe Wert der Volatilität bleibt aber auch dann noch bestehen, wenn die starke Kursbewegung deutlich nachgelassen hat, erkennbar an den kleinen weißen Heikin-Ashi-Kerzen. Ursache für dieses Fehlverhalten der BB ist der MAS. Dessen gleichmäßige Gewichtung der Kurse bei der Berechnung des Mittelwertes und seine hohe Zeitverzögerung – bei n = 20 sind dies immerhin 9,5 Basiszeiteinheiten – tragen den hohen Volatilitätswert weiter in die Bereiche, in denen der Markt real bereits wieder zu normalen Volatilitätswerten zurückgekehrt ist.

John Bollinger hat darauf hingewiesen, dass seine Bänder keine Verbesserung bringen, wenn statt eines MAS ein MAE oder ein MAW verwendet werden. Diese Aussage ist richtig. Die Anwendung eines MAE oder eines MAW in Abbildung 19 würde die blasenartige Ausweitung in dem rot markierten Bereich nicht beseitigen. Die größte Kursschwankung in dieser blasenartigen Ausweitung in Höhe von circa 5,25 EUR ändert ein MAE oder ein MAW nur minimal. Bei Verwendung eines MAW beträgt diese maximale Kursschwankung circa EUR 5,05. Auf eine bildliche Darstellung wird aufgrund dieses geringen Unterschiedes verzichtet. MAE und MAW sind damit keine geeigneten gleitenden Durchschnitte, um den Mangel des MAS zu beheben. Die Situation ändert sich jedoch mit der Verwendung eines NMAX.

Die Anwendung des NMAX, konkret in der Variante des NMAW, auf das Konzept der BB ist in Abbildung 20 dargestellt, wobei wieder der Kursverlauf von Cisco Systems im Zeitraum der Abbildung 19 gewählt wurde.

MOVING AVERAGES (MA) IN NEUER DIMENSION

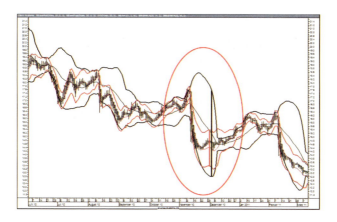

Abb. 20: Kursverlauf Cisco Systems mit modifizierten Bollinger-Bändern

Die schwarzen Linien stellen die Standard-BB mit dem MAS und den Standardeinstellungen dar. Die rot dargestellten Linien dagegen sind die mit einem NMAW[Kurs| n = 21, n_a = 5] berechneten, modifizierten BB. Die rote, senkrechte Linie im rot umrahmten Bereich kennzeichnet die maximale Ausweitung der modifizierten BB im Vergleich zu der schwarzen, senkrechten Linie der Standard-BB. Die maximale Ausweitung, auf der Basis des NMAW, beträgt EUR 1,95, was gegenüber dem Wert EUR 5,25 auf der Basis der Standard-BB eine Reduzierung von 63 % bedeutet. Die Darstellung der Volatilität mithilfe der BB gelingt mit dem NMAW realistischer als mit dem MAS.

Für den interessierten, engagierten Leser ist es sicherlich kein Problem, anhand der für das Konzept der BB angegebenen Formeln einen speziellen Programmcode zu erstellen. Auf die Angabe eines Investox-Programmcodes, vor allem wegen der vielfältigen Programmierungsmöglichkeiten, wurde deshalb verzichtet.

4. MA ALS TIEFPASSFILTER – Technische Analyse mit neuem Ansatz

In den vorangegangenen Ausführungen wurden nur einige wenige Aspekte der Anwendungsmöglichkeiten des NMA dargestellt. In Anbetracht der Vielfältigkeit technischer Indikatoren ist eine breitere Darstellung der Verwendung des NMA in einem begrenzten Rahmen auch nicht möglich. Doch vielleicht regen die Beispiele den interessierten und an der Börse engagierten Leser dazu an, weitere Anwendungen aufgrund der Vorteile des NMA zu untersuchen und mit Erfolg zu realisieren.

Die Vielfältigkeit der technischen Indikatoren steht in einem krassen Gegensatz zu der verfügbaren Datenbasis. Im Prinzip gibt es nur zwei verschiedene Datensätze für Indikatoren: vier Kurse (Eröffnungskurs, Tiefstkurs, Höchstkurs und Schlusskurs) und das Handelsvolumen. Aus diesen Daten werden fast alle Indikatoren berechnet. Aus der Vielfalt der Kombinationsmöglichkeiten ergeben sich ebenso viele Indikatoren. Es ist deshalb nicht weiter verwunderlich, dass viele Indikatoren in ihrer Aussage vergleichbar sind – trotz unterschiedlicher Rechenansätze – und nur unterschiedliche Blickwinkel darstellen. Nahezu alle gängigen Indikatoren der herkömmlichen Technischen Analyse beruhen auf der Annahme, dass die Kurszeitreihen stationär und linear sind. Stationäre Kurszeitreihen würden – vereinfacht gesagt – sich stets in einem begrenzten Wertebereich bewegen. Die Linearität hätte zur Folge, wieder sehr vereinfachend ausgedrückt, dass keine Kurssprünge auftreten. Beides ist in der Marktrealität näherungsweise in starken Trendphasen gegeben, jedoch bei Weitem nicht generell. Kurszeitreihen sind also im Allgemeinen nichtstationär und nichtlinear. Dieser Tatsache wird die herkömmliche Technische Analyse nicht gerecht. Im Folgenden wird ein Ansatz vorgestellt, der dieser Tatsache gerecht wird.

Unter dem Blickwinkel der Signalübertragung/Signalverarbeitung kann eine Kurszeitreihe als eine nichtlineare Überlagerung einzelner Signale aufgefasst werden. Diese Signale sind in ihren Perioden eng begrenzt und nichtstationär. Der Periodenbereich dieser einzelnen Signale überschneidet sich nicht, was bedeutet, dass jedes Signal eine Reihe von Perioden enthält, die in keinem anderen Signal enthalten sind. Solche Signale, die von einem engen Periodenbereich begrenzt und nichtstationär sind, werden im Folgenden IMF (Intrinsic Mode Functions) genannt, wobei diese allgemeine, korrekte mathematische Bezeichnung für solche Signale beibehalten wird, ohne auf ihre mathematische Definition und Bedeutung näher einzugehen. Der abstrakten Bezeichnung IMF kann jedoch eine bildhafte Vorstellung zugeordnet werden, wenn man diese IMF als die grundlegenden Bewegungen des Marktes auf verschiedenen Zeitebenen deutet.

Die Überlagerung dieser IMF ergibt wieder das Ausgangssignal, also die ursprüngliche Kurszeitreihe. Bezeichnet man eine einzelne IMF einer Kurszeitreihe K mit c_i, dann lässt sich dieser Sachverhalt wie folgt formulieren:

$$K(t) = c_1(t) + c_2(t) + c_3(t) + \ldots + c_n(t) + r_n(t).$$

Die Anzahl der IMF, in die eine Kurszeitreihe zerlegt werden kann, also der Wert für „n", schwankt in der Regel zwischen 5 und 8 und ist von der Kurszeitreihe abhängig. n bedeutet hier die maximale Anzahl der IMF und nicht, wie in den vorangegangenen Abschnitten, die Periodeneinstellung. Werte außerhalb dieses Bereiches kommen sehr selten vor. Jede dieser IMF deckt einen Periodenbereich ab, der in einer anderen IMF nicht enthalten ist. Die erste IMF enthält die kleinsten Perioden, die zweite IMF beinhaltet die nächsthöheren Perioden im Vergleich zur ersten IMF und so fort. Die letzte IMF, also c_n, weist den Bereich mit den größten Perioden auf. Die Größe $r_n(t)$ ist ein Restwert, der, nachdem alle möglichen IMF aus der

Kurszeitreihe herausgefiltert wurden, übrig bleibt und der keine Perioden mehr beinhaltet. Dieser Restwert stellt den Trend der Kurszeitreihe für den Zeitraum dar, der der Berechnung zugrunde gelegt wurde. Die IMF sind damit nicht nur von der Kurszeitreihe, sondern auch vom Berechnungszeitraum abhängig.

Die geschilderte IMF-Zerlegung einer Kurszeitreihe erfolgt mittels der EMD (Empirical Mode Decomposition), einem aufwendigen mathematischen Verfahren, das 1998 von Norden E. Huang erstmals veröffentlicht wurde [9]. Dieses Verfahren ist ein sehr allgemeines. Es eignet sich generell dazu, um nichtstationäre und nichtlineare Signale in schmalbandige Einzelsignale – in die genannten IMF – zu zerlegen. Damit werden diese IMF weiteren mathematischen Berechnungen, zum Beispiel der sogenannten Hilbert-Transformation, zugänglich gemacht. Die EMD hat aufgrund ihrer breiten Anwendungsmöglichkeiten Eingang in viele Bereiche gefunden. Beispielhaft seien Physik, Seismik, Medizin, Biologie und Meteorologie genannt. Eine sehr spezielle Anwendung, die Analyse der Schreie von Killerwalen, zeigt die fast unbegrenzte Universalität der EMD. Das Verfahren wurde mit dem Programmpaket Mathematica 8.0 von Wolfram Research in Zusammenarbeit mit der Firma Additive in Friedrichsdorf bei Frankfurt programmiert. Der Zugriff auf verlässliche Börsendaten wurde mit einer speziell programmierten Schnittstelle auf das Börsendatenangebot der Firma Lenz+Partner in Dortmund realisiert. Die umfangreichen und komplexen Berechnungsergebnisse des EMD-Verfahrens auf der Basis Mathematica 8.0 können als „Kursdaten" an das Börsenprogramm der Firma Lenz+Partner - Tai-Pan Version 11.0 – zurückgegeben werden. Dadurch stehen die Darstellungsmethoden sowie weitere Möglichkeiten der Auswertung und Analyse eines modernen, professionellen Börsenprogramms uneingeschränkt zur Verfügung. Eine auch nur einfache Programmdarstellung würde allerdings den Rahmen dieser Einführung deutlich sprengen.

In den nachfolgenden Abbildungen 21.2, 21.3 und 21.4 wird die Zerlegung des Kursverlaufs der BASF-Aktie (Abbildung 21.1) im Zeitraum vom 07. Januar 2010 bis 07. Oktober 2011 auf Tagesbasis mittels des EMD-Verfahrens in sechs IMF und einen Restwert (Trend) dargestellt.

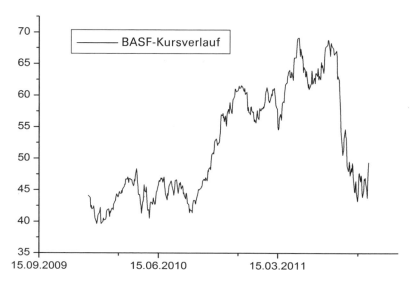

Abb. 21.1: BASF-Kursverlauf (Zeitraum 07. Januar 2010 bis 07. Oktober 2011)

Das Verfahren bringt es mit sich, dass die einzelnen IMF nicht – wie oben beschrieben – hinsichtlich ihrer Perioden dargestellt werden, sondern hinsichtlich ihrer Frequenzen. Dies stellt jedoch insofern kein Problem dar, da für eine Frequenz f und ihre Periode T eine umgekehrte, direkte Proportionalität gilt: $f = 1 / T$. Die erste IMF enthält demnach die höchsten Frequenzen – im Wesentlichen identisch mit dem Kursrauschen – und demzufolge die kleinsten Perioden. Analoges gilt für die weiteren IMF. Die sechste IMF hat

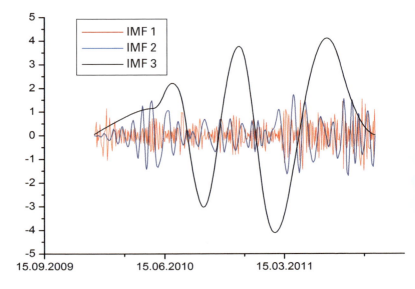

Abb. 21.2: IMF 1, 2 und 3 des BASF-Kursverlaufs

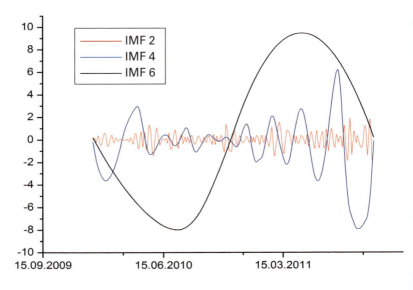

Abb. 21.3: IMF 2, 4 und 6 des BASF-Kursverlaufs

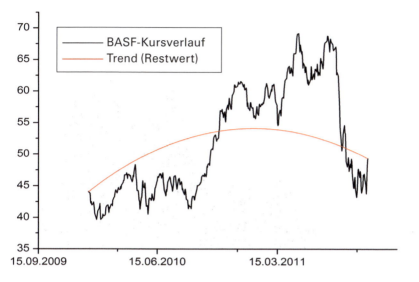

Abb. 21.4: BASF-Kursverlauf und Trend (Restwert)

praktisch mit nur einer „Schwingung" die niedrigste Frequenz und damit die größte Periode.

In Abbildung 22 wird die Genauigkeit des EMD-Verfahrens dadurch dargestellt, dass die Summe $K(t) = c_1(t) + c_2(t) + c_3(t) + \ldots + c_7(t) + r_7(t)$ mit der ursprünglichen Kurszeitreihe verglichen wird.

Die rote Linie ist die Kurs-Rekonstruktion – die Summe der IMF und des Restwertes – der BASF-Aktie. Die obere Begrenzung des schwarzen Feldes gibt dagegen den originalen Kursverlauf der BASF-Aktie wieder. Die größte Abweichung und damit der größte Fehler beträgt $2 \star 10^{-14}$, ein sicherlich vernachlässigbarer Fehler angesichts der Tatsache, dass Kurse in Währungen angegeben werden und eine Genauigkeit von höchstens 10^{-3} haben. Das EMD-Verfahren liefert damit eine Kurszeitreihenzerlegung mit einer sehr großen Genauigkeit.

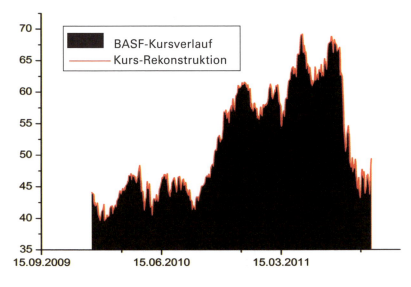

Abb. 22: Genauigkeit des EMD-Verfahrens (Kurs-Rekonstruktion)

Da die einzelnen IMF periodenbegrenzt sind, gilt dies auch für ihre Summe und somit für die Kurszeitreihe selbst. Kurszeitreihen sind damit hinsichtlich ihrer Perioden bandgegrenzt, sie haben eine minimale Periode n_{min} und eine maximale Periode n_{max}. Die minimale Periode n_{min} gibt praktisch die Grenze zum „Kursrauschen" an und ist bei $n_{min} \sim 2$ anzusetzen. Da in der Technischen Analyse durchaus Perioden mit $n > 300$ verwendet werden (Curtis Faith: Die Strategien der Turtle Trader, FinanzBuch Verlag, 2007, S. 195 f.), kann für $n_{max} > 300$ angenommen werden.

Wenn nun die Summe der IMF, zusammen mit dem trenddarstellenden Restwert, die Kurszeitreihe sehr genau wiedergibt, dann stellt sich die Frage, mit welcher Genauigkeit die Kurszeitreihe reproduziert werden kann, wenn nur über einen Teil der IMF summiert wird. Was wird durch eine solche Partialsumme dargestellt? Eine erste Antwort kann sofort bei genauerer Betrachtung der IMF gegeben

MOVING AVERAGES (MA) IN NEUER DIMENSION

werden. Die erste und die zweite IMF stellen die Anteile einer Kurszeitreihe mit den höchsten Frequenzen beziehungsweise niedrigsten Perioden dar. Gerade diese Kursanteile sind für das Kursrauschen verantwortlich. Was liegt näher, als diese IMF wegzulassen, um das Kursrauschen aus der Kurszeitreihe zu eliminieren? Die Antwort auf diese Frage gibt Abbildung 23.

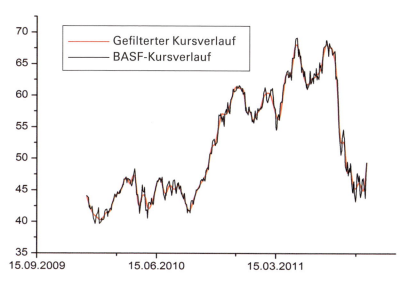

Abb. 23: Vernachlässigung des Kursrauschens mittels IMF

Die schwarze Linie ist wieder der Kursverlauf der BASF-Aktie aus den vorangegangenen Abbildungen. Die rote Linie ist die Summe der IMF einschließlich Restwert (Trend), jedoch ohne die beiden IMF c_1 und c_2. Die rote Linie folgt dem Kursverlauf in nahezu perfekter Weise und eliminiert zugleich das Kursrauschen ideal. Mit anderen Worten: Die rote Linie glättet das Kursrauschen ohne jegliche Zeitverzögerung.

Dieses Ergebnis lässt den Schluss zu, dass eine Partialsumme der IMF einen MA darstellt, der die Kurszeitreihe glättet und zugleich keine Zeitverzögerung aufweist. In den Abbildungen 24.1 und 24.2 findet dieser Schluss seine Bestätigung.

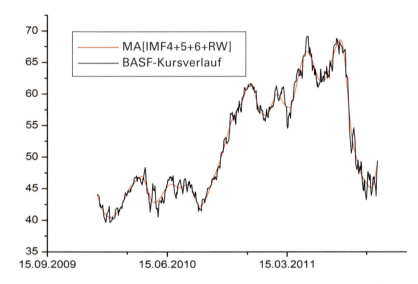

Abb. 24.1: MA[IMF4+5+6+RW] im Vergleich zum Kursverlauf

In Abbildung 24.1 wurde der MA (rote Linie) aus der Summe der IMF 4 bis 6 plus Restwert (Trend) gebildet und in Abbildung 24.2 lediglich aus der IMF 6 plus Restwert (Trend). In beiden Abbildungen werden die MA (rote Linien) mit der Kurszeitreihe (schwarze Linie) verglichen. Das besonders gute Glättungsverhalten ohne Zeitverzögerung ist offensichtlich.

Das EMD-Verfahren eignet sich damit sehr gut als Filterverfahren. Je mehr IMF mit niedrigen Perioden (hohen Frequenzen) aus der Summe

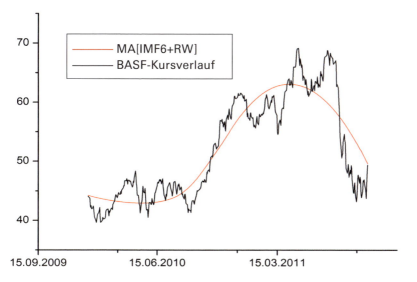

Abb. 24.2: MA[IMF6+RW] im Vergleich zum Kursverlauf

$$c_1(t) + c_2(t) + c_3(t) + \ldots + c_n(t) + r_n(t)$$

vernachlässigt werden – in der Regel die beiden ersten IMF zur Vermeidung des Kursrauschens –, desto stärker ist das Glättungsverhalten. Dabei tritt stets keine Zeitverzögerung auf, da keine der IMF eine solche aufweist. Mithilfe der berechneten IMF kann ein MA deshalb wie folgt konstruiert werden:

$$MA = c_k(t) + c_{k+1}(t) + c_{k+2}(t) + \ldots + c_n(t) + r_n(t),$$

mit $k > 2$ und $n > k$. In der Sprache der Signalverarbeitung stellt ein solcher MA einen zeitabhängigen Tiefpassfilter dar. Ein solcher Filter unterdrückt die hohen Frequenzen (niedrigen Perioden) und lässt die niedrigen Frequenzen (hohen Perioden) passieren. Die MA der

Technischen Analyse können in der Sprechweise der Signalverarbeitung und mithilfe der EMD als zeitabhängige Tiefpassfilter dargestellt werden.

Die Möglichkeiten der EMD – als ein neuartiger, nichtstationärer und nichtlinearer Ansatz in der Technischen Analyse – sind damit nur angedeutet. Aufgrund der Neuartigkeit des Verfahrens ist die Erfahrung damit und mit seinen Anwendungen noch gering und kann mit dem Erfahrungsschatz der herkömmlichen Analyse in keiner Weise verglichen werden. Die Abbildungen 25 und 26 deuten jedoch zumindest an, welches Potenzial die EMD bietet.

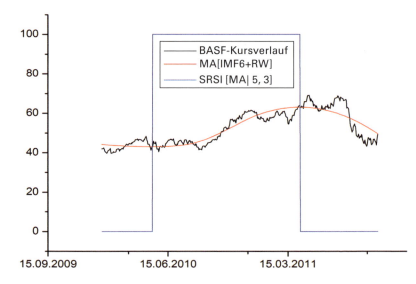

Abb. 25: Trading-Chart mit MA[IMF6+RW] und SRSI

In dieser Abbildung – Basis ist wieder der bereits mehrfach verwendete Kursverlauf der BASF-Aktie (schwarze Linie) – wird ein SRSI (stufenförmige, blaue Linie) auf einen IMF-MA (rote Linie), gebildet aus der IMF 6 und dem Restwert (siehe dazu Abbildung

MOVING AVERAGES (MA) IN NEUER DIMENSION

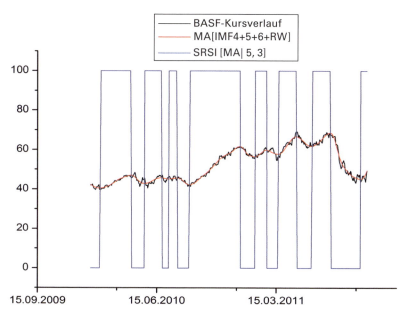

Abb. 26: Trading-Chart mit MA[IMF4+5+6+RW] und SRSI

24.2), angewendet. Die Periode des RSI beträgt dabei 5, diejenige der Stochastik 3. Der SRSI generiert ein Einstiegssignal Anfang Juni 2010 und ein Ausstiegssignal Anfang Mai 2011 und damit einen nahezu optimalen langfristigen Trade.

In Abbildung 26 wird dagegen der in Abbildung 24.1 gezeigte IMF-MA – rote Linie im Vergleich zum schwarz gezeichneten Kursverlauf – verwendet und darauf der aus der vorigen Abbildung beschriebene SRSI angewendet (blauer, stufenförmiger Linienverlauf). Aufgrund des SRSI-Skalierungsbereiches 0 bis 100 ist der Kursverlauf gegenüber der Abbildung 24.1 verzerrt. Die sich aus dem digitalen SRSI ergebenden Ein- und Ausstiegssignale (SRSI = 100 beziehungsweise SRSI = 0) kommen der Vorstellung eines idealen Trades – Kauf zum Kurstiefpunkt, Verkauf am Kurshochpunkt – einen Schritt näher.

5. AUSBLICK

In den bisherigen Ausführungen zum NMA und seinen weitergehenden Anwendungen sowie zum EMD-Verfahren kam ein Aspekt, der die Technische Analyse generell betrifft, nicht zum Ausdruck. Die Ableitung des NMA erfolgte mithilfe des Nyquist-Theorems und die EMD ist kein Verfahren, das seinen Ursprung in der Technischen Analyse hat. Nyquist-Theorem und EMD-Verfahren stammen aus Wissensbereichen, die der Technischen Analyse in ihrer herkömmlichen Form fremd sind. Die Strategie, Modelle und Verfahren aus anderen Wissensbereichen zu übernehmen, kann die Technische Analyse jedoch enorm befruchten, mindestens in dem Maße, wie der Computer diese befruchtet hat. Mit dem Auftauchen des Taschenrechners und des Personal Computers wurden Indikatoren und ihre Berechnung erst möglich, die mit Papier, Bleistift, Lineal undenkbar waren. John F. Ehlers wurde bereits im Rahmen der NMA-Darstellung genannt. Er ist darüber hinaus ein Beispiel, wie aus dem Bereich der Signalverarbeitung sehr interessante Anwendungen für die Technische Analyse gewonnen werden können.

In anderen Wissensbereichen gibt es Erkenntnisse, die, auf Kurszeitreihen übertragen, der Technischen Analyse völlig neue Lösungsmöglichkeiten für Probleme bieten, die bisher gar nicht oder nur sehr unzureichend behandelt werden konnten. Als Beispiele für andere Wissensbereiche seien die digitale Signalverarbeitung und die Physik genannt. Darüber hinaus ist es im Zeitalter des Computers möglich, über die Grenzen des mathematisch exakt Berechenbaren hinauszugehen sowie Modelle zu berechnen, die sich früher wegen ihres hohen Rechenaufwands einer Anwendung entzogen haben. Aus dieser Sicht ergeben sich Möglichkeiten, die, richtig angewendet, der Technischen Analyse in Zukunft ein völlig anderes Gesicht geben können.

Als ein Stichwort sei hier das Gebiet der Ökonophysik (engl. Econophysics) genannt. Sie ist um 1990 entstanden und untersucht als interdisziplinäres Gebiet neben ökonomischen und sozialen Systemen auch die Finanzmärkte mit physikalischen Methoden. Besonders die Thermodynamik spielt dabei eine besondere Rolle, da in ihr auch moderne, statistische Methoden zur Anwendung kommen, um die komplexen Sachverhalte der Finanzmärkte rechnerisch zu erfassen. Ein Einzelbeispiel aus einem anderen Gebiet der Physik, nämlich der Kernphysik, sei abschließend zu diesem Gedankengang noch genannt: die Übertragung der quantenmechanischen Lösung des Alpha-Zerfalls eines Atomkerns auf die Technische Analyse aus dem Jahr 1928 durch einen russischen Kernphysiker [10]. In dem Artikel wird mit einem kernphysikalischen Modell ein Indikator entwickelt, der neben den Handelsregeln zugleich auch eine Formationsanalyse liefert.

6. Anhang: Investox-Programmcodes

ALLGEMEINER HINWEIS HINSICHTLICH ALLER ANGEGEBENEN PROGRAMMCODES:

Die angegebenen Programmcodes sind nicht optimal. Bei der Programmierung standen eine einwandfreie Funktionalität und eine Nachvollziehbarkeit der Codes im Vordergrund. Eine Optimierung aufgrund der Möglichkeiten des Investox-Editors spielte keine Rolle. Die Codes sind so angegeben, wie sie der Verfasser selbst benutzt. Der Verfasser übernimmt jedoch keine Verantwortung und Haftung für die angegebenen Programmcodes. Die Übernahme eines Programmcodes für eigene Anwendungen erfolgt auf eigenes Risiko und eigene Verantwortung.

TEMA-PROGRAMMCODE

```
calc ema1: GD(Daten, Periode, E);
calc ema2: GD(ema1, Periode, E);
calc ema3: GD(ema2, Periode, E);
calc tema: 3*ema1 - 3*ema2 + ema3;
tema
```

Eingabedaten:
- Daten = Kursdaten
- Periode: Periodeneinstellung

PROGRAMMCODE FÜR DEN ANSATZ VON JOHN F. EHLERS

```
calc GD1: GD(Daten, Periode, MA);
calc GD2: GD(GD1, Periode, MA);
calc mmagd: 2 * GD1 - GD2;
mmagd
```

Eingabedaten:
- Daten = Kursdaten
- Periode: Periodeneinstellung n
- MA-Auswahl: S für MAS, E für MAE und W für MAW

PROGRAMMCODE FÜR DEN NMAX

```
calc kurs: (High() + Close() + Low ())/3;
calc lamda: GPeriode/KPeriode;
calc alpha: lamda*(GPeriode-1)/(GPeriode-lamda);
calc ma1: GD(kurs, GPeriode, MA);
calc ma2: GD(ma1, KPeriode, MA);
calc nmax: (alpha+1)*ma1 - alpha*ma2;
nmax
```

Eingabedaten:
- GPeriode = Periodeneinstellung n
- KPeriode = Abtastperioden$_a$
- MA-Auswahl: S für MAS, E für MAE und W für MAW

PROGRAMMCODE FÜR DEN NMAXDATEN

Wird der NMAX nicht direkt auf einen Kursverlauf angewendet, sondern auf eine beliebige Zeitreihe, zum Beispiel einen Indikator, dann gilt folgender Programmcode:

calc lamda: GPeriode/KPeriode;
calc alpha: lamda*(GPeriode-1)/(GPeriode-lamda);
calc ma1: GD(Daten, GPeriode, MA);
calc ma2: GD(ma1, KPeriode, MA);
calc nmaxdaten: (alpha+1)*ma1 - alpha*ma2;
nmaxdaten

Eingabedaten:
- Daten: Zeitreihendaten
- GPeriode = Periodeneinstellung
- KPeriode = Abtastperiode
- MA-Auswahl: S für MAS, E für MAE und W für MAW

PROGRAMMCODE FÜR DEN ADXNMAX

calc z: ABS(PDI(DMPeriode) - MDI(DMPeriode));
calc n: PDI(DMPeriode) + MDI(DMPeriode);
calc adx: z / n*100;
calc adxnmax: NMAXDaten(adx, GDPeriode, APeriode, MA);
adxnmax

Eingabedaten:
- DMPeriode = Periode für ADX
- GDPeriode = n für NMAX

- APeriode = n_a für NMAX
- MA-Auswahl: S für MAS, E für MAE und W für MAW

PROGRAMMCODE FÜR DEN NMACD

```
calc kmacd: NMAX(KPeriode, AbtastKP, MA);
calc lmacd: NMAX(LPeriode, AbtastLP, MA);
calc nmacd: kmacd - lmacd;
nmacd

adxnmax
```

Eingabedaten:
- KPeriode = n für den kurzfristigen NMAX
- AbtastKP = n_a für den kurzfristigen NMAX
- MA-Auswahl: E für den MAE
- LPeriode: n für den langfristigen NMAX
- AbtastLP: n_a für den langfristigen NMAX

7. LITERATURVERZEICHNIS

[1] http://vtadwiki.vtad.de/index.php/VTADwiki:Portal#Lexikon.
[2] John F. Ehlers: Rocket Science for Traders (John Wiley & Sons, 2001)
[3] John F. Ehlers: Signal Analysis Concepts (Internetartikel, 2001)
[4] Jens Rainer Ohm, Hans Dieter Lüke: Signalübertragung (Springer, 2007)
[5] Wikipedia: Nyquist-Shannon-Abtasttheorem
[6] Rene Rose: Enzyklopädie der Technischen Indikatoren (FinanzBuch Verlag, 2006)
[7] John Bollinger: Bollinger-Bänder (FinanzBuch Verlag, München, 2005)
[8] Oliver Paessler: Technische Indikatoren (FinanzBuch Verlag, München, 2009)
[9] Huang NE, Shen Z, Long SR, Mu MC, Shih EH, Zhang Q, Tung CC, Lin HH: The empirical mode decomposition and the Hilbert Spectrum for nonlinear and non-stationary time series analysis (Proceedings of the Royal Society London 1998; A 454: 903 - 905)
[10] Zurab Silagadze: Moving Mini-Max – A New Indicator for Technical Analysis (IFTA Journal, 2011 Edition)

Dr. Daniel Ziggel

Dr. Daniel Ziggel studierte von 2002 bis 2005 Wirtschaftsmathematik an der TU Kaiserslautern mit dem Schwerpunkt Finanzmathematik. Danach arbeitete er bis 2008 als wissenschaftlicher Mitarbeiter am Stochastik-Lehrstuhl von Prof. Dr. Holger Dette an der Ruhr-Universität Bochum. Dort beschäftigte er sich intensiv mit der Modellierung von Wertpapierkursen und der Schätzung von Zinsstrukturkurven. Im Jahr 2009 arbeitete Dr. Ziggel für eine renommierte Unternehmensberatung aus dem Finanzsektor. Seit Februar 2010 ist er geschäftsführender Gesellschafter der quasol GmbH. Neben dieser Tätigkeit publiziert Dr. Ziggel regelmäßig wissenschaftliche Artikel und Aufsätze in Fachzeitschriften.

Vanessa Peters

Vanessa Peters studierte Rechtswissenschaften an der Ruhr-Universität Bochum, absolvierte anschließend ihr Referendariat am Landgericht Duisburg und ist seit April 2010 als Rechtsanwältin zugelassen. Sie ist rechtsberatend für eine deutsche Hotelgruppe tätig. Seit Gründung der quasol GmbH ist Frau Peters dort geschäftsführende Gesellschafterin.

quasol ist ein Spin-off des Statistik-Lehrstuhls der Ruhr-Universität Bochum und bildet das Bindeglied zwischen Theorie und Praxis. In Kooperation mit Wissenschaftlern und Forschungseinrichtungen

ÜBER VANESSA PETERS

werden quantitative Fragestellungen aus den Bereichen Risikomanagement, Asset Allocation und Portfoliooptimierung für Finanzunternehmen gelöst und die Ergebnisse umgesetzt. Das Projekt wurde im Jahr 2010 durch das Bundesministerium für Wirtschaft und Technologie sowie die EU gefördert.

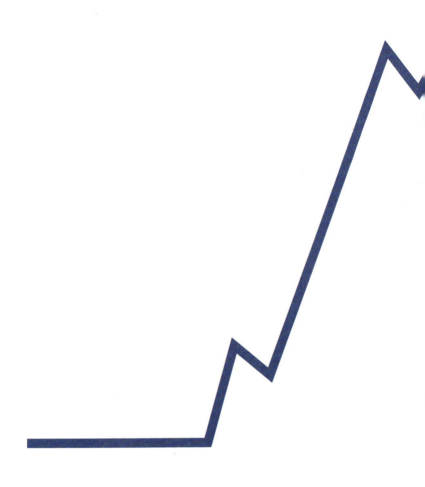

PROLOG

Guten Tag Herr Ziggel,
Ihr Portfoliooptimierer interessiert mich. Ich bin Privatanleger, können Sie mir einen Vermögensverwalter nennen, der mit Ihrem Programm arbeitet?
Ich war bisher bei XY in Beratung für Wertpapieranlagen, bin aber mit der Arbeitsweise nicht zufrieden gewesen. Es erfolgte 2003 einmal

STRUKTURBRÜCHE BEI KORRELATIONEN UND VOLATILITÄTEN ZUR UNTERSTÜTZUNG VON QUANTITATIV GETRIEBENEN ANLAGEENTSCHEIDUNGEN

Dr. Daniel Ziggel
Vanessa Peters

eine Anlage. Als 2007 die Aktienkurse einbrachen, habe ich keine Nachricht erhalten, bis ich selbst nach starken Verlusten die Reißleine gezogen habe.
Mein Anlagevolumen ist circa 300.000 Euro. Aus der Verlustphase ist aktuell ein Verlustbestand von circa 80.000 Euro vorhanden, der bis Ende 2013 die Verrechnung von Gewinnen erlaubt.

Ich suche nicht eine einmalige Anlageentscheidung, sondern eine laufende Überwachung. Dass ich dafür bezahlen muss, ist mir bewusst.
[…]
Würde Sie gern Montag telefonisch kontaktieren, um die Angelegenheit zu besprechen.

Mit freundlichen Grüßen!

E-Mail eines Anlegers vom 19.06.2011

EINLEITUNG: DIE MOTIVATION

Wir haben es fast alle erlebt. Im Zuge der Finanzkrise drehten die Börsenbarometer schnell und nachhaltig ins Minus. Wer nicht zügig und konsequent handelte, konnte täglich verfolgen, wie das Portfolio an Wert verlor. Dabei schien auf den ersten Blick auch die so oft angepriesene Diversifikation nicht zu helfen. Egal ob Aktien aus Europa, Amerika oder Asien, ob Rohstoffe oder High Yields – die Kurse kannten nur eine Richtung, und zwar nach unten. So wurden Vermögen dezimiert und riesige Geldwerte vernichtet. Auch während der Erstellung dieses Beitrages (August/September 2011) erschüttern wieder heftige Kurseinbrüche die Finanzmärkte – ein Ende der Talfahrt ist nicht in Sicht.

Viele Anleger wurden von diesen Entwicklungen völlig unvorbereitet und überraschend getroffen. So wurden die Kurseinbrüche teilweise erst mit großer Verzögerung wahrgenommen und die Reaktionen erfolgten zu spät. Dabei schützte selbst der Übertrag des Vermögens in externe Verwaltung nicht immer. Die Schilderung in der oben abgedruckten E-Mail stellt leider keinen Einzelfall dar. So wurden Privatanleger oftmals nicht über ihre Verluste informiert und es wurden auch keine Gegenmaßnahmen ergriffen. Vielmehr endeten die Beratung und die Verwaltung des Vermögens mit der Unterzeichnung des Vertrages und der darauf folgenden Investition.

Bis heute hat sich an der Situation wenig geändert. Betrachtet man die standardisierte Anlageberatung, so begegnet man immer wieder den gleichen Floskeln und Ansätzen. Einige Beispiele:

- Je mehr Rendite Sie erwirtschaften wollen, desto größer muss der Aktienanteil sein.
- Sie sind der „defensive", „moderate" oder „offensive" Anlegertyp.
- Der Fonds investiert in verschiedene Aktienindizes und minimiert so das Risiko.
- Die Anlage erzielt eine durchgängige Outperformance gegenüber der Benchmark.

Auch wenn der letzte Absatz etwas überspitzt formuliert ist, so hört man die Aussagen in ähnlicher Form doch immer wieder. Lassen Sie uns hier kurz vorgreifen und die Aussagen näher beleuchten. Erzielen Portfolios mit dem klassischen „Buy and Hold"-Ansatz wirklich mehr Rendite, wenn sie einen großen Aktienanteil enthalten? Betrachtet man einen Zeitraum beginnend Ende 1998 (zu diesem Zeitpunkt wurden im Zuge der Euro-Einführung viele neue Indizes berechnet), ist die Antwort definitiv nein. Alle gängigen Indizes weisen für die circa 13 Jahre eine negative oder minimal positive Rendite auf. Einzige Ausnahme sind dabei die Emerging Markets. Verfechter des großen Aktienanteils und der „Buy and Hold"-Strategie werden hier einwenden, dass der Analysezeitraum zu klein sei und bei einer längeren Betrachtungsperiode die Ergebnisse besser würden. Hier seien aber die Fragen erlaubt, wie lange ein Anlagehorizont dann sein muss und ob 50 Jahre alte Daten aussagekräftiger sind als die der letzten 13 Jahre.

Ebenfalls überholt ist die Aussage, dass eine Diversifikation durch die Investition in verschiedene Aktienindizes erzielt werden kann. Während der Finanzkrise war die Korrelation zwischen den gängigen Aktienindizes durchgängig größer 0,8. Vereinfachend ausgedrückt:

Es war egal, in welches Land oder welchen Index man investierte – es entwickelte sich alles nahezu gleich schlecht. Daneben gelingt es den wenigsten Fondsmanagern, eine Benchmark zu schlagen. So hätte auch ein aktives Management wahrscheinlich keinen Mehrwert geschaffen. Verschiedene wissenschaftliche Studien (Brinson et al. [1986], Brinson et al. [1991], Ibbotson und Kaplan [2000], Drobetz und Köhler [2002], neben vielen anderen) zeigen, dass circa 66 % der Fondsmanager es nicht schaffen, ihre Benchmark zu schlagen. Im Schnitt wird vielmehr sogar jährlich 0,1 % bis 2,4 % an Performance durch sie vernichtet.

Bleibt noch die letzte Floskel, nämlich dass sich Anleger einfach kategorisieren lassen. Hier reicht zur Widerlegung ein einfaches Beispiel. Betrachten wir zwei identische Anleger. Wir nehmen an, dass sie die gleiche Risikoaversion, das gleiche Vorwissen und die gleiche Anlagesumme haben. Auch die familiäre Situation sei identisch. Der einzige Unterschied ist, dass der erste Anleger selbstständig ist und in einem abbezahlten Haus wohnt, während der andere Anleger angestellt ist und sein Geld statt in ein Haus in die Rentenversicherung einbezahlt hat. Durch diesen einen Unterschied ändert sich die gesamte Situation – während der erste Anleger einen großen Sachwert in seinem Portfolio hat, besitzt Anleger zwei einen Geldwert, da die Rente nüchtern betrachtet nichts anderes als eine Staatsanleihe ist. Wieso sollten also beide Anleger ihr Geld identisch investieren?

Doch welche Hilfsmittel stehen Anlegern und Beratern zur Verfügung, um verlässlichere Anlagestrategien zu entwickeln und derartige Floskeln auf ihren Wahrheitsgehalt hin zu überprüfen? Neben dem gesunden Menschenverstand (der immer unerlässlich ist) sind dies sicherlich quantitative Modelle und Methoden. „Wer die erhabene Weisheit der Mathematik tadelt, nährt sich von Verwirrung!", stellte schon Leonardo da Vinci fest. Um eben diese Verwirrung zu lindern und Leitplanken für Anlageentscheidungen zur Verfügung zu stellen, beschreibt dieser Beitrag verschiedene Möglichkeiten.

quantitative Ansätze für Anlageentscheidungen zu verwenden. Dabei werden sowohl klassische Ansätze (zum Beispiel die Portfoliooptimierung nach Markowitz) als auch moderne Verfahren (zum Beispiel Tests auf Strukturbrüche) erläutert.

1. Klassische Portfoliotheorie

1.1 ÜBERBLICK MARKOWITZ-ANSATZ

Für jeden Investor, ob Finanzunternehmen oder Privatperson, ist es unumgänglich, zu wissen, wie die Wertpapiere eines Portfolios effektiv zusammengestellt werden können beziehungsweise welches Chance-Risiko-Verhältnis sich ergibt. Hier kommt besonders der Strategischen Asset Allocation, bei der ein vorhandenes Vermögen *optimal* auf diverse Anlageklassen aufzuteilen ist, eine entscheidende Rolle zu. Verschiedene wissenschaftliche Studien zeigen, dass die Strategische Asset Allocation für 82 bis 94 % des Anlageerfolges verantwortlich ist (Brinson et al. [1986], Brinson et al. [1991], neben vielen anderen). Den weiteren Faktoren wie zum Beispiel Timing oder Strategieumsetzung kommt nur eine untergeordnete Rolle zu.

Aus wissenschaftlicher Sicht bedeutete die 1990 mit einem Wirtschaftsnobelpreis ausgezeichnete Arbeit von Harry M. Markowitz (1952) einen Durchbruch. So soll ein Investor nur in effiziente Portfolios investieren. Dies sind Portfolios, die für eine feste Zielrendite das geringste Risiko beziehungsweise für ein festes Risiko die höchste erwartete Rendite ausweisen. Dabei werden Diversifikationseffekte explizit berücksichtigt.

Dieses Modell beruht auf verschiedenen Prämissen. Für den Investor soll zum Beispiel gelten, dass er risikoscheu ist, nach maximalem Nutzen strebt und einen Planungshorizont von einer Periode hat. Der Nutzen ergibt sich dabei aus dem Verhältnis von erwarteter Rendite und dem Risiko. Die Prämissen bezüglich des Finanzmarktes sind, dass Wertpapiere unendlich teilbar beziehungsweise handelbar sind und der Kapitalmarkt effizient ist. Steuern und Transaktionskosten werden in diesem Modell nicht berücksichtigt.

Neben diesen Prämissen wird eine grundlegende Annahme hinsichtlich der Renditen der Wertpapiere getroffen. So wird angenommen, dass N Anlagen mit normalverteilter Rendite r_i für die i-te Anlage existieren. Nun besteht die Aufgabe darin, die Portfoliogewichte (ω_1, ω_2, ..., ω_N) optimal zu wählen, wobei ω_i für den Anteil der Investitionssumme steht, der in Anlage i investiert wird. Oft wird bei der Anwendung davon ausgegangen, dass alle Portfoliogewichte positiv sind (keine Leerverkäufe) und zusammen 100 % ergeben (volle Investition), also $\omega_i \geq 0$ und $\sum_{i=1}^{N} \omega_i = 1$.

Die entscheidenden Kennzahlen für die Zusammenstellung des Portfolios sind dann die vom Investor erwartete Rendite des Portfolios (r_P) und das Risiko des gesamten Portfolios, welches über die Standardabweichung (σ_P) definiert ist.

Wie bereits kurz erwähnt, ist die Handlungsempfehlung dieses Modells, dass ein Investor ausschließlich in effiziente Portfolios investieren soll. Hierbei bedeutet effizient, dass das Portfolio bei einer festen Mindestrendite (r_{min}) das geringste Risiko aufweist beziehungsweise bei einem noch tolerierten Risiko (σ_{max}) die höchste Rendite erwarten lässt. Für die Praxis bedeutet dies, dass der Investor einen der beiden Werte vorgibt und das Portfolio dann anhand des zweiten Parameters optimiert. Daraus resultieren die folgenden Optimierungsprobleme:

(OP1)
min σ_P,
sodass $r_P \geq r_{min}$
(OP1')
max r_P,
sodass $\sigma_P \leq \sigma_{max}$

Aufgrund der relativ einfachen Handhabung ist das Markowitz-Modell in der Praxis sehr beliebt und findet bei vielen Anlageentscheidungen Berücksichtigung.

1.2 VORTEILE DES MARKOWITZ-MODELLS

Die Arbeit von Markowitz zeichnet sich durch verschiedene bahnbrechende Sichtweisen aus, die bis heute gültig sind. So kann mit dem Modell ein Großteil des beobachtbaren Anlegerverhaltens erklärt werden. Daneben fließt das Risiko explizit in die Anlageentscheidung ein. Weiterhin bietet das Modell den großen Vorteil, dass Diversifikations- und Korrelationseffekte zwischen den verschiedenen Wertpapieren automatisch berücksichtigt werden. Somit können Risiken genauer und realistischer abgebildet werden. Zusätzlich können auch Investitionen in Wertpapiere, die auf den ersten Blick ungünstig erscheinen, das Risiko des Gesamtportfolios senken.

Ein einfaches Beispiel demonstriert diesen Sachverhalt. Hierfür betrachten wir zwei Wertpapiere, wobei für Wertpapier A bei einer Volatilität von 2 % eine Rendite von 4 % und für Wertpapier B bei einer Volatilität von 5 % eine Rendite von 9 % erwartet wird.

Das betrachtete Portfolio setze sich zu 80 % aus Wertpapier A und zu 20 % aus Wertpapier B zusammen, woraus sich direkt eine Renditeerwartung von 5 % ergibt. Für den Fall, dass beide Wertpapiere eine Korrelation von 0 aufweisen, ergibt sich eine Volatilität von 1,89 % für das Portfolio. Folglich besitzt das Portfolio eine höhere Renditeerwartung bei einem geringeren Risiko als das sichere Wertpapier alleine. Das Zusammenspiel verschiedener Korrelationen und Mischungsverhältnisse ($\omega_i \in [0,1]$) wird in Abbildung 1 anschaulich dargestellt.

Abbildung 1 verdeutlicht einen weiteren Vorteil des Markowitz-Modells. Es ist sehr eingängig und die einfache geometrische Interpretation erleichtert das Verständnis. Durch diese Darstellung wird sofort intuitiv klar, warum Investitionen nur in effiziente Portfolios erfolgen sollten.

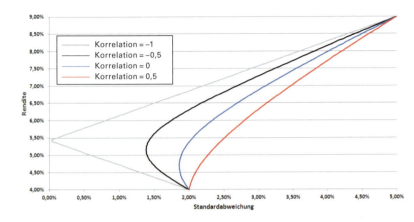

Abb. 1: Effizienzlinien für Portfolios aus zwei Wertpapieren mit Rendite und Standardabweichung von (4 %; 2 %) beziehungsweise (9 %; 5 %) für verschiedene Werte der Korrelation zwischen den beiden Wertpapieren

1.3 SCHWACHSTELLEN UND FALLSTRICKE

1952, im Jahr der Veröffentlichung des Modells, wurde ein mathematisch einfaches Modell benötigt, das nur einen geringen Rechenaufwand verursacht. Dies war für praktische Anwendungen unumgänglich, da die Rechen- und Rechnerleistung durch den damaligen Stand der Technik stark eingeschränkt war. Außerdem waren Informationen und Daten nicht so schnell und umfassend verfügbar wie heute.

Um diesen Einschränkungen zu begegnen, wurde angenommen, dass die Renditen durch eine Normalverteilung beschrieben werden können. Die Normalverteilung besitzt verschiedene Eigenschaften, die die Berechnungen stark vereinfachen. Einerseits sind Linearkombinationen von normalverteilten Zufallsvariablen wieder normalverteilt. Andererseits lassen sich die Kennzahlen zeitlich skalieren ($\sqrt{n}$-Regel).

Die Normalverteilung ist durch zwei Parameter, Erwartungswert und Varianz, eindeutig bestimmt. Somit stellt sie eine sehr einfache und symmetrische Verteilungsfamilie dar. Natürlich führt eine so starke Vereinfachung des Modells auch dazu, dass verschiedene reale Phänomene nicht adäquat abgebildet werden können. Die beiden größten Schwachstellen bestehen darin, dass die Renditen vieler Wertpapiere nicht genau genug durch die Normalverteilung approximiert werden können und die benötigten Parameter (erwartete Renditen, Korrelationen und Volatilitäten) schwierig zu prognostizieren sind und sich über die Anlageperiode hinweg verändern. In den nächsten beiden Abschnitten betrachten wir diese beiden Schwachstellen etwas genauer.

Zuvor sei noch ein weiterer Schwachpunkt des Modells genannt. So werden Timing-Überlegungen völlig vernachlässigt und es wird kein Entscheidungskriterium angegeben, wann eine Neuoptimierung durchgeführt werden sollte. Wir kommen in Kapitel 2.6 auf diese Fragestellung zurück.

1.4 ABWEICHUNG REALER DATEN VON DER NORMALVERTEILUNG

Bei der Untersuchung realer Zeitreihen von Wertpapieren fällt auf, dass diese oft nicht symmetrisch sind und gerade der linke Verteilungsrand sehr schwer ist. Letzteres bedeutet, dass (sehr) negative Ereignisse deutlich häufiger eintreten, als es durch die Modellierung mit der Normalverteilung zu erwarten wäre. Um diesen Sachverhalt zu verdeutlichen, zeigen die Abbildungen 2 und 3 Histogramme der DAX-Renditen für tägliche und monatliche Zeiträume im Vergleich zur Normalverteilung. Dabei wurden Daten vom 01.01.1965 bis zum 01.09.2011 verwendet.

Bei beiden Diagrammen fällt auf, dass deutlich mehr extreme Negativereignisse auftreten, als die Approximation mit der Normalverteilung vermuten lässt. Während sich bei den täglichen Renditen

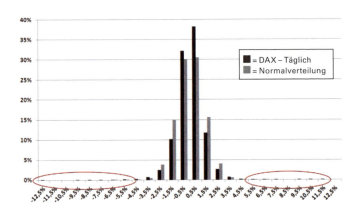

Abb. 2: Histogramm der täglichen DAX-Renditen im Vergleich zur Normalverteilung (µ = 0,02 %, σ = 1,21 %)

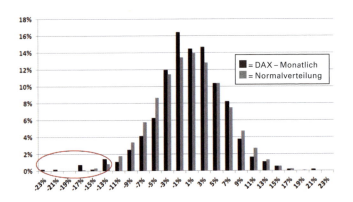

Abb. 3: Histogramm der monatlichen DAX-Renditen im Vergleich zur Normalverteilung (µ = 0,61 %, σ = 5,71 %)

noch ein ähnliches Verhalten für den rechten Verteilungsrand beobachten lässt, ist dies bei monatlichen Renditen nicht der Fall. Analoge Aussagen gelten natürlich auch für andere Aktien- und Rohstoffindizes.

Diese Beobachtung lässt sich auch durch die Berechnung der Schiefe bestätigen. Die Schiefe ist ein Maß für die Symmetrie der Verteilung und gewichtet große Abweichungen vom Mittelwert überproportional. Für tägliche Daten beträgt diese -8,17 % und für monatliche -37,92 %, woran sich sofort ablesen lässt, dass es mehr negative als positive Extremereignisse gab.

Abschließend möchten wir festhalten, dass eine Betrachtung kürzerer Zeitreihen zu noch extremeren Ergebnissen geführt hätte. Gerade in den letzten Jahren haben die Frequenz und die Amplituden starker Kursausschläge deutlich zugenommen. So gab es alleine nach dem Jahrtausendwechsel drei große Kapitalmarktkrisen (Dotcom-, Finanz- und Schuldenkrise). Von daher hätte eine Beschränkung auf die letzten 20 Jahre zu deutlich extremeren Diagrammen geführt.

1.5 PARAMETERSCHÄTZUNG UND -ÄNDERUNGEN

Die Annahme, dass Parameter verlässlich geschätzt werden können und sich während der Anlageperiode nicht ändern, ist sehr problematisch und in der Praxis nicht gegeben. Jedoch ist eine Optimierung nur dann valide, wenn die Eingangsparameter eine ausreichend gute Qualität besitzen.

In der Literatur herrscht Einigkeit, dass der Renditeschätzung die größte Bedeutung beikommt. Chopra und Ziemba (1993) kamen zu dem Ergebnis, dass falsche Renditeschätzer bei einer mittleren Risikotoleranz im Vergleich zu falschen Risikoschätzern eine 11-mal höhere Auswirkung haben. Auch Kallberg und Ziemba (1984) sowie Schäfer und Zimmermann (1998) zeigten, dass beim Schätzen der Rendite die meisten Probleme auftreten. Wie dem auch sei, Renditen verlässlich zu schätzen, gilt als äußerst schwierig, wenn nicht gar unmöglich. Als treffender Euphemismus ist dies im Fazit einer Arbeit von Spremann (2005) formuliert: „Die Schätzung der Renditeerwartung von Aktien wirft immer noch statistische Probleme und Rätsel auf". Daneben dient die Portfoliooptimierung gerade dazu, diese Ungenauigkeiten bei der Renditeschätzung abzufedern – könnte man diese verlässlich schätzen, wäre die Diversifikation weniger wichtig. Letztendlich führen die Entwicklungen der letzten Jahre an den Kapitalmärkten dazu, dass ohnehin die Risikokomponente wieder verstärkt in den Vordergrund tritt.

Aber auch bei den Risikoparametern entstehen Schwierigkeiten. So gilt es inzwischen als erwiesen, dass eine deutliche Zeitabhängigkeit zwischen Korrelationen und Volatilitäten besteht. Dabei ist die Abhängigkeit von der Art, dass diese Parameter dazu neigen, zu steigen, wenn die Märkte fallen, beziehungsweise dass sie fallen, wenn die Märkte steigen. Daneben existieren klare Anzeichen dafür, dass Varianzen und Korrelationen stark voneinander abhängen. Dies wurde unter anderem von Frennberg und Hansson (1993), Zimmermann et al. (2002) und Andersen et al. (2001) untersucht.

Besonders deutlich wurde dies während der Finanzkrise. Hier stiegen Volatilitäten und Korrelationen sprunghaft an. Zimmermann et al. (2002) führten sogar schon lange vorher den Begriff „Correlation Breakdown" für diese Beobachtung ein, während Campbell et al. (2008) zunächst den Begriff „Diversification Meltdown" verwendeten.

Mit ähnlichen Fragestellungen beschäftigen sich Bissantz et al. (2011b) und Bissantz et al. (2011a) in zwei aktuellen Artikeln. So wurden in der ersten Arbeit Diversifikationseffekte zwischen verschiedenen Assetklassen untersucht, während die zweite Arbeit Risikoparameter und ihren Einfluss auf die Diversifikation zwischen Aktienindizes behandelt. Der Rest dieses Abschnitts bezieht sich weitestgehend auf die dort vorgestellten Ergebnisse.

Bissantz et al. (2011b) untersuchten Diversifikationseffekte von verschiedenen Assetklassen für den Zeitraum 31.03.1999 bis 26.02.2010. Dabei wurden zusätzlich drei Phasen isoliert betrachtet – die Dotcom-Krise (31.03.2000 – 31.03.2003), ein ausgeprägter Bullenmarkt (30.04.2003 – 31.03.2008) und die Finanzkrise (30.04.2008 – 31.03.2009) Folgende Assetklassen fanden Berücksichtigung:

- Aktien Europa
- Aktien USA
- Aktien Japan
- Aktien Emerging Markets
- deutsche Staatsanleihen
- Unternehmensanleihen
- Geldmarkt
- Hedgefonds
- Rohstoffe
- deutsche Immobilien

Die Berechnung der relevanten Parameter (Korrelation, Volatilität) für die einzelnen Phasen zeigt deutlich, wie plötzlich und ausgeprägt sich diese ändern. So stieg zum Beispiel die Volatilität der Assetklasse Aktien USA von 9,17 % (Bullenmarkt) auf 27,11 % (Finanzkrise). Für Rohstoffe war dieser Anstieg ebenfalls sehr ausgeprägt. Die Volatilität nahm im gleichen Zeitraum von 7,88 % auf 26,20 % zu.

Große Schwankungen konnten auch bei den Korrelationen beobachtet werden. Die durchschnittliche Korrelation von Aktien Japan zu allen anderen Assetklassen stieg zum Beispiel von 0,08 auf 0,38. Jedoch gab es auch Assetklassen, bei denen die durchschnittliche Korrelation abgenommen hat. So sank die durchschnittliche Korrelation deutscher Staatsanleihen von 0,05 auf -0,17.

Dieses Resultat führt zu zwei Schlüssen. Einerseits reicht eine Aufteilung des Vermögens zwischen ähnlichen Assetklassen nicht aus, um Diversifikationseffekte zu erzielen. So ist beispielsweise eine Aufteilung zwischen verschiedenen Aktienindizes nicht zielführend. Andererseits konnte selbst in der Finanzkrise eine Aufteilung zwischen sehr unterschiedlichen Assetklassen zu einer deutlichen Risikosenkung führen. Allerdings mussten hierzu neben Aktien und Rohstoffen auch andere Anlageformen wie Staatsanleihen oder Immobilien berücksichtigt werden. Dieses Ergebnis steht in deutlichem

Widerspruch zu der Aussage, dass während der Finanzkrise kein Schutz durch Diversifikation zu erzielen war, wie sie oft in der (Tages-)Presse zu lesen war.

In einem weiteren Untersuchungsschritt wurden die Marktparameter dazu verwendet, Risikokennzahlen verschiedener Portfolios zu berechnen. Dabei wurde der Anteil des Value-at-Risk (vgl. den Exkurs in Kapitel 1.6), der sich aus den Korrelationen und Volatilitäten ergibt, als Risikomaß verwendet. Hier zeigte sich, dass dieser, je nach Portfolio, mit Parametern aus der Finanzkrise um 35 bis 188 % über dem Wert des Bullenmarktes lag.

Dieses Ergebnis zeigt deutlich, welch große Auswirkungen die Schwankungen der Marktparameter haben, und dies besonders, da der Bullenmarkt und die Finanzkrise unmittelbar aufeinander folgten. Daneben verdeutlicht das Resultat, dass es nicht zielführend ist, wenn Parameter aus historischen Mittelwerten geschätzt werden. So wären bei einer Optimierung zu Beginn der Finanzkrise Parameter eingegangen, die für den ausgelaufenen Bullenmarkt gültig waren. Die Portfoliooptimierung wäre somit natürlich nicht valide gewesen.

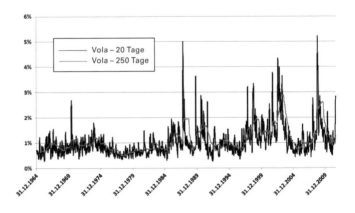

Abb. 4: Rollierende Volatilität der täglichen DAX-Renditen für 20 und 250 Handelstage

Abbildung 4 verdeutlicht dieses Phänomen. Sie zeigt die rollierende Volatilität des DAX für verschiedene Zeitfenster.

Neben den großen Schwankungen, die sich im Laufe der Zeit ergeben, fallen zwei weitere Sachverhalte besonders auf. Einerseits scheinen Phasen mit hoher Volatilität immer häufiger und ausgeprägter aufzutreten. Andererseits scheinen Mittelwerte, die viele zurückliegende Daten berücksichtigen, diese Schwankungen nicht adäquat erfassen zu können. In Kapitel 2 kommen wir darauf zurück, wie mit diesem Problem umgegangen werden kann.

In der Arbeit von Bissantz et al. (2011a) wurden ähnliche Beobachtungen gemacht, jedoch lag hier der Fokus auf Aktienindizes. Dabei wurde zwischen Länder- und Sektorenindizes und zwischen Tages- und Monatsdaten unterschieden. Es ergaben sich einige interessante und überraschende Ergebnisse, die über die zuvor getätigten Aussagen hinausgehen.

So zeigte sich, dass die Korrelationen zwischen Länderindizes in der Finanzkrise stark anstiegen, während die Korrelationen zwischen Sektoren über den gesamten Untersuchungszeitraum hinweg im Mittel konstant blieben. Daher erscheint eine Diversifikation zwischen Sektoren, im Vergleich zu Ländern, besser geeignet. Jedoch muss beachtet werden, dass die Korrelation zwischen Sektoren mit circa 0,6 bis 0,7 dabei konstant auf einem sehr hohen Niveau liegt.

Zudem wurde deutlich, dass es problematisch ist, Korrelationen aus Tagesdaten zu schätzen, wenn die Indizes in verschiedenen Zeitzonen gehandelt werden. Da der Schlusskurs in diesem Fall zu verschiedenen Zeitpunkten ermittelt wird und die Menge an Informationen daher nicht identisch ist, ergaben sich Korrelationsschätzungen, die nicht valide erscheinen.

Andersherum scheint es bei der Schätzung von Volatilitäten ratsam zu sein, auf Tagesdaten zurückzugreifen, da bei Monatsdaten zu viele Informationen verloren gehen und sich Großteile der Schwankungen über einen Monat hinweg glätten.

In einem weiteren Untersuchungsschritt wurde ermittelt, welchen Einfluss Korrelationsänderungen beziehungsweise Volatilitätsänderungen auf den Value-at-Risk haben. Hier war das überraschende Ergebnis, dass Volatilitätsänderungen eine ungefähr zehnmal stärkere Auswirkung haben als Korrelationsänderungen. Daher scheint der Begriff „Correlation Breakdown" für das Zusammenbrechen der Diversifikation wenig geeignet zu sein. Vielmehr beschreibt der Begriff „Volatility Burst" die Beobachtungen besser. Somit sollte bei Handelsstrategien und der Optimierung von Portfolios gerade der Volatilitätsschätzung eine besondere Bedeutung beigemessen werden.

1.6 ALTERNATIVE OPTIMIERUNGSTECHNIKEN

Die Optimierung auf Basis historischer Risikomaße behebt einige Nachteile des klassischen Markowitz-Ansatzes. Bevor wir jedoch diese Technik vorstellen, führen wir zunächst das Konzept des Value-at-Risk (VaR) beziehungsweise des Tail-Value-at-Risk (TVaR) ein. Das Verständnis dieser Konzepte ist unerlässlich für das Verständnis der weiteren Ausführungen. Dabei ist der TVaR in der Literatur auch unter Expected Shortfall oder Conditional-Value-at-Risk bekannt.

 EXKURS:

Beginnen wir mit der Definition des VaR. Der VaR ist der maximale Verlust, der mit einer vorgegebenen Wahrscheinlichkeit (W) innerhalb einer festgelegten Periode (t) nicht überschritten wird. Er beschreibt also eine Verlustschwelle, die in einem zukünftigen Zeitraum wahrscheinlich nicht überschritten wird. Bei dieser Definition ist jedoch zu beachten, dass eine Restwahrscheinlichkeit von 100 % - W % bleibt, dass der Verlust doch höher ausfällt. Dabei wird keine Aussage getroffen, wie hoch der Verlust in diesen Fällen durchschnittlich ist oder maximal sein könnte.

Der VaR wird im Finanzsektor sehr häufig verwendet und ist wohl das mit Abstand gängigste Risikomaß. Dabei werden oft sehr hohe Wahrscheinlichkeiten von 95 % oder 99 % verwendet. Bei der Berechnungslogik gibt es jedoch große Unterschiede. Der Standardansatz unterstellt eine Normalverteilung und leitet die Kennzahl aus dieser ab. Dieses Vorgehen entspricht von der Logik her dem Markowitz-Ansatz. Es gilt folgende Formel:

$$VaR_w = \mu - z_w * \sigma$$

Dabei ist μ die erwartete Rendite, σ die Standardabweichung und z_w das Quantil der Standardnormalverteilung für die gewählte Wahrscheinlichkeit. Nehmen wir an, dass die erwartete Rendite für das nächste Jahr 8 % beträgt, die Standardabweichung 20 % und eine Wahrscheinlichkeit von 95 % angesetzt ist. Dann gilt: $VaR_{95\%}$ = 8 % - 1,64 * 20 % = -24,8 %. Dies bedeutet, in den nächsten zwölf Monaten wird der Verlust zu 95 % kleiner als 24,8 % sein. Eine derartige Information ist dem E-Mail-Schreiber aus unserem Prolog vor der Investition sicherlich nicht mit an die Hand gegeben worden und dies, obwohl jede Bank diese Kennzahl für ihre Eigenanlagen nutzt. Neben einigen anderen Möglichkeiten ist das zweite Standardvorgehen die historische Simulation. Hierzu wird direkt auf Zeitreihen zurückgegriffen. Es werden in einem ersten Schritt die historischen Renditen berechnet und sortiert. Dann wird, je nach gewählter Wahrscheinlichkeit, die passende Rendite herausgesucht. Existieren zum Beispiel 100 historische Renditen und die gewählte Wahrscheinlichkeit beträgt 95 %, dann ist die fünftschlechteste Rendite der gesuchte VaR, da 95 Renditen (= 95 %) besser sind. Wie bereits erwähnt: Der VaR gibt keine Auskunft, wie sich die Anlage verhält, wenn der VaR unterschritten wird. Dabei kann das Konzept des TVaR Abhilfe schaffen. Der TVaR ist für eine Wahrscheinlichkeit W definiert als:

$$TVaR_w = E\,[r_i|r_i < VaR_w]$$

Dabei ist r_i die Rendite im i-ten Zeitraum. In Worten ausgedrückt: Der TVaR ist der Verlust, der sich erwartungsgemäß beziehungsweise im Durchschnitt ergibt, wenn der VaR unterschritten wird. Neben einigen Vorteilen, die sich aus theoretischen Überlegungen ergeben (der geneigte Leser mag unter dem Stichwort „kohärentes Risikomaß" in der einschlägigen Literatur weiterlesen), ist es für den Anleger zusätzlich von großem Vorteil, eine Abschätzung zu erhalten, wie sich eine Anlage im Mittel in Extremsituationen verhält.

Auch der TVaR kann entweder über die Approximation mit der Normalverteilung oder durch historische Simulationen berechnet werden. Analog zum oben aufgeführten Beispiel für die historische Berechnung wäre der TVaR dann der Mittelwert der schlechtesten fünf Renditen. Abbildung 5 verdeutlicht die Konzepte grafisch.

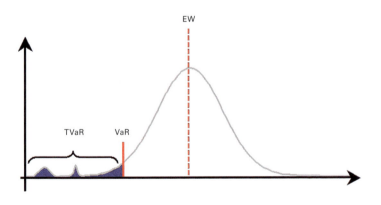

Abb. 5: Grafische Veranschaulichung von VaR, TVaR und Erwartungswert

Kommen wir nach diesem kurzen Exkurs zurück zur historischen Optimierung. Die Idee dabei ist, den Gedanken der effizienten Portfolios aus dem Markowitz-Ansatz aufzugreifen, jedoch das Risikomaß auszutauschen. So wird nun das Portfolio gesucht, das zu einer festen Rendite den maximalen historischen (T)VaR hat beziehungsweise zu einem festen (T)VaR die höchste Rendite. Beachten Sie, der (T)VaR ist im Prinzip eine Rendite, daher gilt es diese zu maximieren. Eine Rendite von -2 % ist besser als -4 %. Es ergeben sich die folgenden formalen Optimierungsprobleme:

(OP2)
$$\max (T)VaR_P,$$
$$\text{sodass } r_P \geq r_{min}$$
(OP2')
$$\max r_P,$$
$$\text{sodass } (T)VaR_P \geq (T)VaR_{max}$$

Auch wenn die Ansätze auf den ersten Blick dem Markowitz-Ansatz ähneln, besitzen sie doch völlig unterschiedliche Eigenschaften. Zuerst bleibt festzustellen, dass die Interpretation der historischen Risikomaße im Gegensatz zur Varianz oder Standardabweichung deutlich intuitiver ist. Ergibt sich beispielsweise ein historischer VaR von -6,8 %, ist die Interpretation sehr einfach: In der Vergangenheit hätte das Portfolio mit (sehr) großer Wahrscheinlichkeit nicht mehr als 6,8 % verloren. Multipliziert man diesen Wert mit dem Anlagevolumen, lässt sich das Risiko sogar ganz einfach in Euro-Beträgen spezifizieren. Dies ist gerade in der Anlageberatung oder für Privatanleger ein nicht zu unterschätzender Vorteil und hätte auch unserem E-Mail-Schreiber von vornherein eine bessere Risikoeinschätzung ermöglicht.

Zusätzlich kann das Risikomaß entsprechend der Risikoaversion gewählt werden. So könnte beispielsweise ein offensiver Anleger einen

VaR zu einer Wahrscheinlichkeit von 95 % wählen, während ein defensiver Anleger einen TVaR von 99 % bevorzugen würde.

Daneben müssen für die Spezifizierung des Risikos keine Parameter geschätzt werden, da sich dieses alleine durch die historischen Zeitreihen ergibt. Weiterhin sind Volatilitäts- und Korrelationsänderungen automatisch in den Zeitreihen enthalten. Zudem enthält sogar jeder Datenpunkt implizit Informationen über die Abhängigkeit der einzelnen Indizes untereinander. Zur Erinnerung: Die Korrelation beschreibt nur die lineare Abhängigkeit.

Auch hier gibt es natürlich verschiedene Nachteile. Einerseits werden relativ lange Zeitreihen benötigt. So sollten als Faustregel nur Assets berücksichtigt werden, die mindestens eine Historie von zehn Jahren aufweisen. Neuemissionen können beispielsweise nur durch Substitution ähnlicher Assets berücksichtigt werden. Diese langen Zeitreihen führen natürlich dazu, dass der Rechenaufwand verglichen mit dem Markowitz-Ansatz deutlich höher ist. Jedoch sind selbst diese komplexen Optimierungsprobleme mit modernen Rechnern in angemessener Zeit zu bewältigen. Andererseits wird die Risikoschätzung problematisch, wenn Szenarien auftreten, für die es in der Vergangenheit keine Beispiele gab. Beispielsweise haben Staatsanleihen aktuell sehr gute historische Risikokennzahlen. Sollte nun ein Staat (oder gleich mehrere Staaten) ausfallen, wäre dies in den Risikokennzahlen nicht berücksichtigt. Jedoch stellt sich hier die Frage, ob und wie solche Szenarien überhaupt adäquat modelliert werden können. Die Risikoschätzung auf Basis der Historie ist dabei aktuell aber schon sehr konservativ, da seit der Jahrtausendwende zahlreiche Krisen aufgetreten sind.

2. Strukturbrüche

2.1 ÜBERBLICK UND PROBLEMSTELLUNG

Wie bereits in Kapitel 1.5 erwähnt, verhält es sich bei Zeitreihen von Wertpapieren so, dass die Parameter Volatilität und Korrelation im Laufe der Zeit stark schwanken (zum Beispiel Bissantz et al. [2011a], [2011b]). Besonders deutlich wurde dies während der Finanzkrise, als Volatilitäten und Korrelationen extrem anstiegen. Infolgedessen wurden Risikokennzahlen unter- und Diversifikationseffekte überschätzt, wodurch die Absicherungsmechanismen versagten und die Verluste teilweise sehr hoch waren. Wenn nun der bereits beschriebene Markowitz-Ansatz oder verwandte Modelle zur Portfoliooptimierung genutzt werden, sind aber gerade diese Parameter für die verlässliche Risikoeinschätzung erforderlich.

Allerdings gibt es überraschenderweise gerade für Tests auf Änderungen der Marktparameter, sogenannte Strukturbrüche, kaum formale Methoden. Die vorhandenen Methoden machen entweder starke parametrische Annahmen (Dias und Embrechts [2004]) oder arbeiten unter der Voraussetzung, dass der Zeitpunkt einer Änderung schon bekannt ist (Pearson und Wilks [1933], Jennrich [1970], Goetzmann et al. [2005]). Andere Ansätze schätzen die Parameter aus rollierenden Zeitfenstern, ohne jedoch formale Entscheidungsregeln zu nennen (Longin und Solnik [1995]).

Erst vor kurzer Zeit wurden formale Tests auf Änderung der Kovarianzmatrix von Galeano und Peña (2007) und Aue et al. (2009) vorgestellt. Mit diesen Verfahren lässt sich auch auf die Änderung der Varianz eines Wertpapiers testen, da im Eindimensionalen die Kovarianz gerade der Varianz entspricht. Jedoch ermöglichen diese Tests keine Aussagen bezüglich Änderungen der Korrelationen.

Diese Lücke in der Methodik wurde durch ein Verfahren von Wied et al. (2011) geschlossen. Sie konstruierten einen nichtparametrischen Test, um auf Änderungen in der Korrelationsstruktur zu testen.

Anwendungen dieser Methodik finden sich in Arnold et al. (2011). 2011 stellten Wied et al. dann einen analogen Test vor, mit dem auf Änderungen der Varianz getestet werden kann.

Diese drei Arbeiten stellen die Grundlage des folgenden Kapitels dar. Auf Beweise und theoretische Annahmen wird an dieser Stelle aus Gründen der Lesbarkeit verzichten. Diese können aber in den Originalarbeiten nachgelesen werden.

2.2 EINFÜHRUNG UND VERWENDUNG DER TESTSTATISTIK

Wir beginnen mit dem Varianztest und nehmen an, dass die Zeitreihe eines Wertpapiers (X_t, t = 1, 2, ...) gegeben ist. Es könnte sich hier zum Beispiel um die täglichen Schlusskurse des DAX der letzten 20 Jahre handeln. Es soll nun getestet werden, ob die Varianz, σ^2, über die Zeit konstant war oder nicht. Da die Volatilität gerade die Wurzel der Varianz ist, ist dieser Test für Anwendungen ausreichend. Es stellt sich das formale Testproblem:

$$H_0: \text{Var}(X_t) = \sigma^2 \; \forall t \in \{1, ..., T\} \text{ vs. } H_1: \exists t \in \{1, ..., T-1\}: \text{Var}(X_t) \neq \text{Var}(X_{t+1})$$

Die Nullhypothese (der Test verwirft nicht) ist also, dass keine Änderungen der Varianz aufgetreten sind, während die Gegenhypothese (der Test verwirft) aussagt, dass eine Änderung zu beobachten war.

Die Teststatistik lautet:

$$V_T(X) = \max_{1 \leq j \leq T} |\hat{D} \frac{j}{\sqrt{T}} ([\text{Var}(X)]_j - [\text{Var}(X)]_T)|$$

Die Interpretation dieser auf den ersten Blick kompliziert wirkenden Statistik ist relativ einfach. Die Nullhypothese wird durch den Test verworfen, wenn die empirische Varianz $[\text{Var}(X)]_i$ zu stark schwankt. Die Messung der Schwankung erfolgt dabei über den

STRUKTURBRÜCHE BEI KORRELATIONEN UND VOLATILITÄTEN ...

Ausdruck $\max_{1\leq j\leq T} |[\text{Var}(X)]_j - [\text{Var}(X)]_T|$. Der Faktor $\frac{j}{\sqrt{T}}$ sorgt dafür, dass Beobachtungen zu Beginn der Zeitreihe weniger stark gewichtet werden, da dort die Schwankungen der Schätzer noch größer sind. D̂ dient unterdessen dazu, unter der Nullhypothese eine asymptotische Verteilung bestimmen zu können und ist das Analogon zur Standardabweichung im klassischen Zentralen Grenzwertsatz.

Die formalen Darstellungen von D̂ und D̃, welches später für den Korrelationstest benötigt wird, sind sehr lang und kompliziert. Daher wird an dieser Stelle auf eine genauere Angabe verzichtet; im Appendix findet sie sich. Es soll jedoch bereits hier festgehalten werden, dass sich beide Werte allein aus der Zeitreihe berechnen lassen.

Unter diesen Bedingungen genügen schwache mathematische Voraussetzungen, um zu zeigen, dass $V_T(X)$ unter der Nullhypothese gegen eine brownsche Brücke konvergiert. Damit ist ein formaler Test möglich, denn diese Verteilung ist seit Längerem bekannt (Billingsley [1968]) und insbesondere die kritischen Werte sind erhältlich.

Nun führen wir den Test auf konstante Korrelationen ein. Dazu werden nun zwei Zeitreihen, (X_t, t = 1, 2, ...) und (Y_t, t = 1, 2, ...), benötigt, da die Korrelation gerade die lineare Abhängigkeit zwischen zwei Zeitreihen beschreibt. Die resultierende Teststatistik hat einen ähnlichen Aufbau wie $V_T(X)$:

$$K_T(X) = \max_{2\leq j\leq T} |\tilde{D} \frac{j}{\sqrt{T}} (\hat{\rho}_j - \hat{\rho}_T)|$$

Hier steht $\hat{\rho}_k$ für den empirischen Korrelationskoeffizienten, welcher aus den ersten k Datenpunkten berechnet wird. Analog zum vorherigen Test wird hier die Nullhypothese verworfen, sollte der empirische Korrelationskoeffizient zu stark schwanken. Diese Schwankung wird über den Ausdruck $\max_{2\leq j\leq T} |(\hat{\rho}_j - \hat{\rho}_T)|$ gemessen. Auch hier dient der Faktor $\frac{j}{\sqrt{T}}$ der geringeren Gewichtung früher Beobachtungen. Der Faktor D̃ misst die Volatilität von X_t und Y_t sowie die Abhängigkeit von (X_t, Y_t) über die Zeit und wird zur Bestimmung der asymptotischen Verteilung unter der Nullhypothese benötigt. Unter der Nullhypothese und schwachen theoretischen Annahmen konvergiert die Teststatistik ebenfalls gegen eine brownsche Brücke. Da die Grenzverteilung in beiden Fällen bekannt ist, lassen sich die Quantile beziehungsweise kritischen Werte einfach in Tabellen nachschlagen. Typische Beispiele für verwendete Quantile sind:

- 1,073 (80 %)
- 1,224 (90 %)
- 1,358 (95 %)
- 1,628 (99 %)

Gilt nun zum Beispiel für die Teststatistik $K_t(X) > 1{,}358$, so ist die Interpretation, dass sich die Korrelation mit einer Wahrscheinlichkeit von 95 % geändert hat. In den Fällen, in denen der Test die Nullhypothese verwirft, sich also der Parameter mit einer großen Wahrscheinlichkeit geändert hat, sprechen wir von einem Strukturbruch.

Um eine Aussage treffen zu können, ob die Korrelation gestiegen oder gefallen ist, kann der Term $\max_{2 \leq j \leq T} |(\hat{\rho}_j - \hat{\rho}_T)|$ getrennt ausgewertet werden. Wenn dort für das Maximum $\hat{\rho}_T > \hat{\rho}_j$ gilt, so ist die Korrelation gestiegen und im umgekehrten Fall gesunken. Analog können Aussagen über die Teststatistik $V_t(X)$ getroffen werden. Diese Zusatzinformationen sind für zahlreiche Anwendungen interessant.

2.3 ERSTE ANWENDUNGEN

Um die Qualität und den Nutzen der Tests darzustellen, beschreiben wir in diesem Abschnitt einige einfache Anwendungen. Dazu verwenden wir tägliche Schlusskurse verschiedener Indizes für den Zeitraum 31.12.1998 bis 31.08.2011. Wir betrachten dabei je einen Aktienindex (DAX), Rohstoffindex (Öl) und Anleiheindex (Deutsche Staatsanleihen 7 – 10 Jahre).

In einem ersten Schritt sollen die Daten der Strukturbrüche bestimmt werden. Dabei ist das Vorgehen wie folgt. Es werden die ersten zwanzig Datenpunkte auf einen Strukturbruch getestet. Ist kein Strukturbruch vorhanden, so wird im nächsten Schritt die Datenbasis um einen Datenpunkt vergrößert und der Test wiederholt. Dies geschieht so lange, bis der Test die Nullhypothese (der zu testende Parameter ist konstant) verwirft. Nun kann mit großer Sicherheit davon ausgegangen werden, dass sich der zu testende Parameter (Volatilität beziehungsweise Korrelation) geändert hat.

Nachdem ein Strukturbruch aufgetreten ist, werden die ersten zwanzig Tage nach dem Bruch als Startwerte verwendet und die Prozedur für die restlichen Daten wiederholt.

Die Wahl von zwanzig Datenpunkten als Startwert kommt daher, dass als Faustregel davon ausgegangen wird, dass ungefähr zwanzig Datenpunkte benötigt werden, um die Standardabweichung oder Korrelation verlässlich schätzen zu können.

Die folgenden Tabellen zeigen die Strukturbrüche der Volatilität für die oben genannten Indizes unter verschiedenen Konfidenzniveaus.

Die resultierenden Daten der Strukturbrüche erscheinen sinnvoll und lassen sich weitestgehend mit signifikanten Ereignissen erklären. So finden sich in den Jahren 2000/2001 (Dotcom-Krise), 2003

DAX	Öl	Staatsanleihen
27.12.2002	27.12.2007	29.01.2001
11.11.2003	24.11.2008	12.12.2006
02.04.2009	06.08.2009	07.09.2007
		26.02.2009
		28.04.2010

Tabelle 1: Strukturbrüche der Volatilitäten für ein Konfidenzniveau von 99 %

DAX	Öl	Staatsanleihen
28.01.1999	17.08.1999	06.12.1999
22.06.1999	04.09.2001	26.07.2000
05.08.1999	18.07.2002	23.08.2000
31.01.2000	30.08.2007	24.01.2002
29.02.2000	21.08.2008	15.10.2002
26.07.2000	10.07.2009	26.12.2002
30.11.2000	19.01.2010	29.01.2003
09.01.2001	17.01.2011	25.05.2004
06.02.2001		02.01.2008
10.10.2002		08.12.2008
02.12.2002		30.07.2009
07.04.2003		27.08.2009
17.09.2003		23.04.2010
06.02.2004		
07.03.2005		
14.07.2006		
06.10.2006		
14.03.2007		
24.07.2007		
06.11.2007		
24.11.2008		
28.08.2009		
06.04.2010		

Tabelle 2: Strukturbrüche der Volatilitäten für ein Konfidenzniveau von 95 %

(Irakkrieg), 2007 (Platzen der Immobilienblase in den USA) und 2008/2009 (Finanzkrise) überproportional viele Strukturbrüche.

Daneben scheinen die Strukturbrüche den Verlauf der Märkte in sinnvolle Phasen einzuteilen, da sich die relevanten Marktparameter zwischen den Bruchstellen teils sehr deutlich unterscheiden.

DAX	Öl	Staatsanleihen
28.01.1999	08.03.1999	29.01.1999
19.05.1999	05.04.1999	03.12.1999
29.07.1999	03.05.1999	31.12.1999
18.01.2000	12.06.2000	28.01.2000
10.03.2000	12.10.2000	13.04.2000
07.04.2000	20.12.2000	25.05.2000
16.05.2000	09.05.2001	22.06.2000
13.06.2000	27.06.2001	05.12.2001
29.08.2000	25.07.2001	02.01.2002
31.10.2000	02.09.2002	11.03.2002
19.09.2002	30.09.2002	08.04.2002
17.10.2002	27.11.2002	05.06.2002
14.11.2002	25.12.2006	05.03.2003
07.04.2003	24.01.2007	11.02.2004
16.07.2003	20.07.2007	02.01.2008
13.08.2003	05.08.2008	22.10.2008
10.09.2003	07.11.2008	27.08.2009
07.01.2004	09.04.2009	12.03.2010
10.03.2004	15.01.2010	
30.04.2004	27.05.2010	
09.07.2004	08.11.2010	
18.01.2005	06.12.2010	
15.02.2005		
15.03.2005		
30.06.2006		
08.09.2006		
14.03.2007		
11.04.2007		
12.07.2007		
23.10.2007		
04.11.2008		
30.12.2008		

DAX	Öl	Staatsanleihen
06.02.2009		
10.03.2009		
21.10.2009		
06.01.2010		
27.05.2010		
01.11.2010		
29.11.2010		
02.06.2011		
04.08.2011		

Tabelle 3: Strukturbrüche der Volatilitäten für ein Konfidenzniveau von 90 %

DAX	Rendite	Volatilität
28.01.1999 - 22.06.1999	20,67 %	21,29 %
22.06.1999 - 05.08.1999	-40,27 %	18,34 %
05.08.1999 - 31.01.2000	88,62 %	21,45 %
31.01.2000 - 29.02.2000	133,06 %	29,64 %
29.02.2000 - 26.07.2000	-7,84 %	23,16 %
26.07.2000 - 30.11.2000	-25,06 %	18,90 %
30.11.2000 - 09.01.2001	-24,68 %	27,60 %
09.01.2001 - 06.02.2001	57,30 %	15,16 %
06.02.2001 - 10.10.2002	-41,48 %	32,91 %
10.10.2002 - 02.12.2002	424,81 %	50,88 %
02.12.2002 - 07.04.2003	-46,32 %	43,35 %
07.04.2003 - 17.09.2003	87,83 %	25,92 %
17.09.2003 - 06.02.2004	33,83 %	19,17 %
06.02.2004 - 07.03.2005	9,01 %	15,08 %
07.03.2005 - 14.07.2006	17,04 %	14,47 %
14.07.2006 - 06.10.2006	28,27 %	14,67 %
06.10.2006 - 14.03.2007	21,08 %	11,66 %
14.03.2007 - 24.07.2007	62,15 %	15,69 %

DAX	Rendite	Volatilität
24.07.2007 - 06.11.2007	-5,62 %	16,18 %
06.11.2007 - 24.11.2008	-44,10 %	33,42 %
24.11.2008 - 28.08.2009	42,46 %	33,66 %
28.08.2009 - 06.04.2010	23,18 %	18,43 %

Tabelle 4: Annualisierte Marktparameter zwischen Strukturbrüchen beim DAX (Varianz, 95 %)

Öl	Rendite	Volatilität
17.08.1999 - 04.09.2001	12,46 %	38,47 %
04.09.2001 - 18.07.2002	0,70 %	42,69 %
18.07.2002 - 30.08.2007	20,13 %	32,57 %
30.08.2007 - 21.08.2008	52,49 %	28,65 %
21.08.2008 - 10.07.2009	-47,78 %	59,01 %
10.07.2009 - 19.01.2010	55,64 %	32,81 %
19.01.2010 - 17.01.2011	27,78 %	26,77 %

Tabelle 5: Annualisierte Marktparameter zwischen Strukturbrüchen für Öl (Varianz, 95 %)

Die Tabellen 4 bis 6 zeigen die annualisierten Marktparameter zwischen den Brüchen auf einem Konfidenzniveau von 95 %.

Es fällt auf, dass die Unterscheidung in Marktphasen über Strukturbrüche den Indexverlauf in stark unterschiedliche Phasen einteilt. Gerade beim DAX ist ersichtlich, dass besonders extreme Phasen identifiziert werden können. Dies stellt die Grundlage für den Erfolg der resultierenden Handelsstrategien dar (vgl. Kapitel 2.4 und 2.5).

Bevor wir zu den Resultaten bei Korrelationen kommen, möchten wir kurz auf die Wahl des Konfidenzniveaus und die Auswirkungen auf die Ergebnisse eingehen. Klar ist: Je höher das Konfidenzniveau

Staatsanleihen	Rendite	Volatilität
06.12.1999 - 26.07.2000	3,78 %	4,94 %
26.07.2000 - 23.08.2000	1,91 %	2,94 %
23.08.2000 - 24.01.2002	7,33 %	4,00 %
24.01.2002 - 15.10.2002	8,65 %	4,31 %
15.10.2002 - 26.12.2002	11,51 %	4,33 %
26.12.2002 - 29.01.2003	23,35 %	3,83 %
29.01.2003 - 25.05.2004	3,17 %	4,85 %
25.05.2004 - 02.01.2008	3,77 %	3,59 %
02.01.2008 - 08.12.2008	14,35 %	6,40 %
08.12.2008 - 30.07.2009	0,62 %	6,86 %
30.07.2009 - 27.08.2009	21,45 %	6,33 %
27.08.2009 - 23.04.2010	6,02 %	3,90 %

Tabelle 6: Annualisierte Marktparameter zwischen Strukturbrüchen bei Staatsanleihen (Varianz, 95 %)

gewählt wird, desto ausgeprägter muss die Änderung des Parameters sein, damit die Nullhypothese verworfen wird. Folglich schlägt der Test bei hohen Niveaus später an. Im Gegenzug kann sich der Anwender dann sehr sicher sein, dass auch eine wirkliche Änderung der Parameter stattgefunden hat.

Wird andersherum das Konfidenzniveau niedriger gewählt, schlägt der Test öfter und früher an. Dafür werden aber auch mehr Fehlsignale ausgegeben. So ist bei einem Niveau von 90 % im Schnitt jedes zehnte Signal falsch.

Diese Sachverhalte können sehr schön in den Tabellen 1 bis 3 nachvollzogen werden. Die Anzahl der Strukturbrüche nimmt mit sinkendem Konfidenzniveau deutlich zu.

Letztendlich hängt die Wahl des Niveaus von der Art der Anwendung und den Auswirkungen eines Fehlsignals ab. Während für die später eingeführten Handelsstrategien in so gut wie allen Fällen eine Wahl von 95 % die besten Ergebnisse liefert, sind aber auch andere Anwendungen denkbar, in denen eine Wahl von 90 % (Online-Risikomanagement) oder 99 % (längerfristige Portfoliooptimierung) sinnvoll ist.

Nun kommen wir zu den Ergebnissen bezüglich der Korrelationen zwischen den drei verwendeten Indizes. In den Tabellen 7 bis 9 finden sich die Strukturbrüche für verschiedene Konfidenzlevel.

DAX & Öl	DAX & Staatsanleihen	Öl & Staatsanleihen
09.12.2004	18.04.2001	19.01.2000
12.06.2006	04.09.2001	02.09.2003
19.07.2006	21.08.2002	22.09.2008
21.01.2008	02.09.2003	
06.10.2008	28.11.2007	
	21.01.2008	
	21.08.2008	
	13.10.2008	

Tabelle 7: Strukturbrüche der Korrelationen für ein Konfidenzniveau von 99 %

DAX & Öl	DAX & Staatsanleihen	Öl & Staatsanleihen
08.12.2000	02.01.2001	30.11.1999
01.04.2003	08.02.2001	06.06.2003
16.01.2008	27.03.2001	02.05.2008
05.08.2008	05.06.2001	16.09.2008
16.09.2008	28.08.2001	
15.10.2008	26.09.2001	
	07.11.2001	
	28.08.2002	
	28.10.2002	
	18.06.2003	

DAX & Öl	DAX & Staatsanleihen	Öl & Staatsanleihen
	17.07.2003	
	22.10.2007	
	20.11.2007	
	21.01.2008	
	11.06.2008	
	19.09.2008	

Tabelle 8: Strukturbrüche der Korrelationen für ein Konfidenzniveau von 95 %

DAX & Öl	DAX & Staatsanleihen	Öl & Staatsanleihen
28.04.2000	11.05.2000	26.11.1999
05.12.2000	21.03.2001	08.03.2000
24.03.2003	05.06.2001	12.04.2000
07.09.2007	06.07.2001	11.05.2000
30.11.2007	03.08.2001	07.05.2003
21.01.2008	31.08.2001	05.06.2003
18.03.2008	28.09.2001	05.02.2008
18.09.2008	30.10.2001	17.03.2008
16.10.2008	19.07.2002	16.09.2008
	16.08.2002	
	22.10.2002	
	18.06.2003	
	16.07.2003	
	13.08.2003	
	23.09.2003	
	07.09.2007	
	21.01.2008	
	03.06.2008	
	09.07.2008	
	15.09.2008	
	13.10.2008	

Tabelle 9: Strukturbrüche der Korrelationen für ein Konfidenzniveau von 90 %

Die resultierenden Daten der Strukturbrüche erscheinen wiederum sinnvoll. Tendenziell sind etwas weniger Brüche zu beobachten, die sich aber noch präziser relevanten Ereignissen zuordnen lassen. So finden sich in den Jahren 2000/2001 (Dotcom-Krise), 2003 (Irakkrieg), 2007 (Platzen der Immobilienblase in den USA) und 2008/2009 (Finanzkrise) beinahe alle Strukturbrüche. In den anderen und ruhigeren Jahren finden sich dafür so gut wie keine Bruchstellen.

Bislang bleibt festzuhalten, dass Strukturbrüche ein sinnvolles Werkzeug darstellen, um Märkte in verschiedene Phasen einzuteilen. Einerseits reagieren sie verlässlich auf Änderungen im Marktumfeld und produzieren dabei sehr wenig nicht erklärbare Fehlsignale. Andererseits unterteilen sie die Marktentwicklung in Phasen mit signifikant großen Ausschlägen.

Wie daraus Handelsstrategien konstruiert werden können, beschreibt der folgende Abschnitt.

2.4 HANDELSSTRATEGIEN FÜR EINZELNE WERTPAPIERE

Bevor wir mit der Beschreibung der Handelsstrategien beginnen und auf die resultierenden Ergebnisse eingehen, möchten wir auf zwei Sachverhalte hinweisen. Zum einen sind die Strategien bewusst einfach und transparent gehalten. Unsere Intention ist es, die Prinzipien einer Verwendung von Strukturbrüchen zu zeigen. Dabei ist es wichtiger, dass sich für eine Vielzahl von Anwendungen konstant gute Ergebnisse einstellen, als dass für spezielle Anwendungen extrem positive Resultate auftreten.

Zum anderen sind unsere Strategien bewusst nicht „optimiert". Leider kann in der Praxis immer wieder beobachtet werden, dass eine Strategie vorgestellt wird, die für eine vorhandene Zeitreihe wunderbare Resultate liefert. So ist es mit ein wenig statistischem Verständnis und genug Zeit ein Leichtes, ex post Algorithmen zu konstruieren, die hervorragend funktionieren. Allerdings fällt dann, sobald die

Strategie angewendet wird, immer wieder auf, dass sich nicht die gewünschten Resultate einstellen. Aus diesem Grund stellen wir lieber eine Handelsstrategie vor, die ex ante festgelegt wurde, da sie auf klaren theoretischen Fakten basiert. Somit „verschenken" wir gerne ein paar Performance-Punkte. Dafür ist aber die Wahrscheinlichkeit deutlich höher, dass die Strategie robust ist und auf eine Vielzahl von zukünftigen Problemstellungen angewendet werden kann.

Wir beginnen mit der Anwendung für ein einzelnes Asset. Die Strategie passt, wie man so schön sagt, auf einen Bierdeckel. Sie ist wie folgt definiert:

1. Die Zeitreihe wird auf Strukturbrüche getestet (Varianz, 95-%-Niveau).
2. Es wird die Rendite seit dem letzten Strukturbruch berechnet.
3. Ist die Rendite positiv, so wird das Asset gekauft.
4. Ist die Rendite negativ, so wird das Asset verkauft oder, falls erlaubt, eine Short-Position eingegangen.
5. Nach einem Strukturbruch darf für zwanzig Tage keine Position eingegangen werden.

Dabei lassen sich die einzelnen Schritte relativ einfach theoretisch rechtfertigen. In den Kapiteln 1.5 und 2.3 wurde bereits dargelegt, dass sich die Volatilität verlässlich mit den verschiedenen Marktphasen ändert und Strukturbrüche den Verlauf eines Index in sinnvolle Cluster einteilen. Daher kann davon ausgegangen werden, dass eine Änderung der Volatilität auch mit einer Änderung des Markttrends einhergeht. Allerdings werden zwanzig Tage benötigt, um die Marktparameter verlässlich zu schätzen. Daher wird auch in der Strategie zwanzig Tage gewartet, um abzusehen, in welche Richtung der Trend zeigt.

Um einen objektiven Backtest zu gewährleisten, treffen wir folgende Annahmen:

- Der Test wird jeden Tag zum Schlusskurs durchgeführt.
- Transaktionen werden am Folgetag zum Schlusskurs getätigt.
- Es werden keine Transaktionskosten, Gebühren oder Steuern berücksichtigt.
- Es werden keine Währungsschwankungen berücksichtigt.

Wir möchten an dieser Stelle darauf hinweisen, dass die Strategie, so wie sie hier dargestellt ist, entweder auf Einzelaktien oder Indizes angewendet wurde. Dabei lassen sich die Indizes einfach und kostengünstig über ETFs beziehungsweise ETCs abbilden und es können für diese ebenfalls Short-Strategien umgesetzt werden.

Zu Beginn wenden wir die Handelsstrategie beispielhaft auf verschiedene Einzelaktien an. Dabei verwenden wir tägliche Schlusskurse aus dem Zeitraum 15.11.1996 bis 29.04.2011.

Abbildung 6 zeigt die Entwicklung der Handelsstrategie im Vergleich zur Siemens-Aktie. Es stellt sich heraus, dass mit der Handelsstrategie (5,3 % p.a.) im Gegensatz zur Aktie (5,79 % p.a.) eine etwas geringere Rendite erzielt wurde. Dafür konnte jedoch die jährliche Volatilität von 21,19 % auf 9,96 % mehr als halbiert werden. Dies liegt

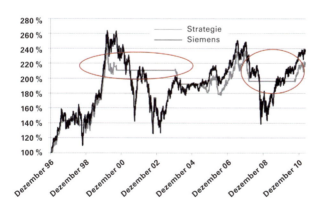

Abb. 6: Entwicklung der Handelsstrategie im Vergleich zur Siemens-Aktie

daran, dass in der Dotcom- und Finanzkrise die heftigen Kursverluste weitestgehend vermieden werden konnten. Da in diesem Fall keine Short-Strategie zulässig war, verläuft der Chart der Handelsstrategie in dieser Zeit nahezu waagerecht.

Noch besser sind die Ergebnisse der Strategie für die Telekom-Aktie, die in Abbildung 7 dargestellt werden. Es konnte mit der Handelsstrategie eine jährliche Rendite von 3,03 % erzielt werden, während die Aktie im Schnitt 3,2 % pro Jahr verlor. Dabei sank die Volatilität sogar von 46,33 % auf 13,42 %.

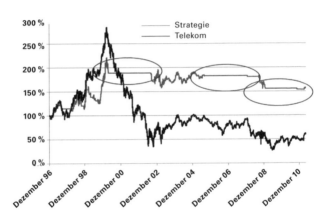

Abb. 7: Entwicklung der Handelsstrategie im Vergleich zur Telekom-Aktie

Ohne zu viel vorwegzunehmen, kann bereits an dieser Stelle festgehalten werden, dass diese beiden Beispiele typisch für die Ergebnisse der Handelsstrategie sind. Je nach zugrunde liegendem Asset und der Verwendung von Short-Strategien zeigt sich immer wieder, dass die Strategie entweder zu einer deutlichen Verringerung der Volatilität führt (bei ähnlicher Rendite) oder bei ähnlicher Volatilität eine bessere Rendite erzielt.

Natürlich könnte man an dieser Stelle die Frage stellen, wie viele Beispiele durchgerechnet werden mussten, um solch gute Ergebnisse zu erhalten. Hier verhält es sich aber genau andersherum. Bei den zahlreichen Berechnungen, die wir bisher durchgeführt haben, gab es erst ein Beispiel, bei dem die Verwendung von Strukturbrüchen zu signifikant schlechteren Ergebnissen führte. So zeigt Abbildung 8 die Anwendung auf die BMW-Aktie. Dort trat eine Verschlechterung der jährlichen Rendite von 5,73 % auf 3,38 % ein. Dabei blieb die Volatilität mit 22,31 % zu dem Ausgangswert von 23,70 % nahezu konstant. Aber wie bereits erwähnt, stellt dies eine pathologische Ausnahme dar.

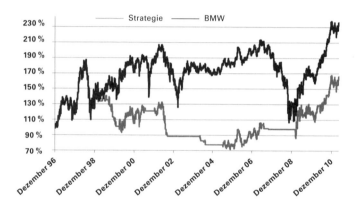

Abb. 8: Entwicklung der Handelsstrategie im Vergleich zur BMW-Aktie

Kommen wir nun zu der Anwendung auf Indizes. Die folgenden Ergebnisse beziehen sich auf den DAX für den Zeitraum 01.01.1990 bis 29.04.2011. Abbildung 9 und 10 zeigen wieder die Entwicklung der Handelsstrategie im Vergleich zum Ursprungsindex. Dabei konnte in beiden Fällen die jährliche Rendite des DAX von 3,99 % gesteigert werden. Ohne Short-Selling konnte eine Rendite von 4,43 % p.a. generiert werden, während diese mit Short-Selling sogar 5,23 % betrug.

Abb. 9: Entwicklung der Handelsstrategie im Vergleich zum DAX. Es durften keine Short-Positionen eingegangen werden.

Zudem konnte die Volatilität im ersten Fall deutlich von 15,13 % auf 9,41 % verringert werden, während sie im zweiten Fall mit 14,20 % nahezu konstant blieb.

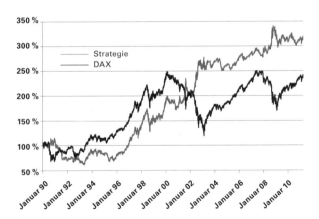

Abb. 10: Entwicklung der Handelsstrategie im Vergleich zum DAX. Short-Positionen waren erlaubt.

Zum Ende des Abschnitts möchten wir eine Abgrenzung der Handelsstrategie zu anderen Trendfolgestrategien vornehmen.

Trendfolgestrategien versuchen gewinnbringend in erkennbare Trends zu investieren. Sie kaufen bei steigenden Kursen und verkaufen beziehungsweise gehen short bei fallenden Kursen. Trendstrategien verwenden oft Methoden der Chartanalyse oder Trendindikatoren (zum Beispiel Momentumindikatoren). Dabei sind die Regeln, trotz formal definierter Entscheidungskriterien, subjektiv und nicht theoretisch hergeleitet.

Wieso nimmt man beispielsweise einen Trendwechsel beim Durchbruch des gleitenden Durchschnitts der letzten 30 Tage an? Wieso verwendet man nicht den Durchschnitt der letzten 28 oder 32 Tage? Wieso sollte der Schnitt der Linie einem Trendwechsel entsprechen? Wie bereits beschrieben – hier gilt zwar eine klar definierte Konvention, diese ist jedoch nicht theoretisch begründet.

Bei Trends, die über Strukturbrüche definiert sind, ist dies anders. Zwar gibt es auch hier klar definierte Regeln, jedoch sind diese auch theoretisch klar begründet. So wird von einem Trendwechsel (Strukturbruch) gesprochen, wenn sich die Marktparameter signifikant ändern. Dass es einen (starken) Zusammenhang zwischen Renditen, Korrelationen und Volatilitäten gibt, ist inzwischen durch mehrere wissenschaftliche Arbeiten belegt. Somit haben die Trends objektive und wissenschaftlich fundierte Grundlagen.

2.5 HANDELSSTRATEGIEN FÜR GESAMTE PORTFOLIOS

Analog zum vorigen Absatz können natürlich auch Handelsstrategien für mehrere Anlagen beziehungsweise ganze Portfolios konstruiert werden. Wie zuvor geht es uns wiederum mehr um die Prinzipien beziehungsweise die Flexibilität des Ansatzes als um eine „optimierte" Strategie. Daher ist die Strategie wiederum sehr einfach. Sie ist wie folgt definiert:

1. Die Zeitreihe wird auf Strukturbrüche getestet (Varianz, 95-%-Niveau).
2. Es wird die Rendite seit dem letzten Strukturbruch berechnet.
3. Ist die Rendite eines Assets positiv, darf das Asset gekauft werden.
4. Ist die Rendite negativ, darf das Asset nicht gekauft werden oder, falls erlaubt, eine Short-Position darf eingegangen werden.
5. Nach einem Strukturbruch darf für zwanzig Tage das betroffene Asset nicht gekauft werden.
6. Das Portfolio wird aus allen erlaubten Assets in gleichen Teilen zusammengesetzt.

Wir beschränken uns an dieser Stelle auf Strategien, die auf Strukturbrüchen bei Volatilitäten beruhen, da die Ergebnisse mit Korrelationen sehr ähnlich sind. Um einen objektiven Backtest zu gewährleisten, treffen wir ähnliche Annahmen wie zuvor:

- Der Test wird jeden Tag zum Schlusskurs durchgeführt.
- Transaktionen werden am Folgetag zum Schlusskurs getätigt.
- Es werden keine Transaktionskosten, Gebühren oder Steuern berücksichtigt.
- Es werden keine Währungsschwankungen berücksichtigt.
- Sollte kein Asset erlaubt sein, werden keine Zinsgutschriften für das Portfolio berücksichtigt.

Kommen wir nun zu zwei Beispielen. Dabei ist das erste aus dem Beitrag von Wied und Ziggel (2011) für den VTAD-Award entnommen, mit welchem sie den dritten Platz belegten. Dort standen folgende Anlagemöglichkeiten zur Verfügung, wobei Short-Strategien teilweise zugelassen waren:

- EuroStoxx 50 (Long & Short)
- MSCI Emerging Markets (Long)
- Feinunze Gold (Long)
- iboxx Eurozone 3-5 Jahre (Long & Short)

Die Auswahl der Indizes basierte auf zwei Motiven. Das Anlageuniversum sollte einfach und übersichtlich gehalten werden. Darüber hinaus musste aber gewährleistet sein, dass in vielen verschiedenen Marktphasen die richtigen Instrumente zur Verfügung stehen. Mit den vier oben genannten Indizes beziehungsweise sechs Handlungsmöglichkeiten kann von steigenden und fallenden Aktienmärkten profitiert werden, außerdem von steigenden und fallenden Zinsen sowie Inflationsängsten. Somit kann ein Großteil möglicher Szenarien abgedeckt werden. Zudem sind alle Indizes über ETFs beziehungsweise ETCs abbildbar.

Die Ergebnisse der Handelsstrategie von Anfang 1999 bis Ende 2010 finden sich in Tabelle 10 und Abbildung 11. Die Strategie erzielte eine weit überdurchschnittliche Rendite. Dabei ist der Portfolioverlauf sehr stabil – auch und gerade während der Finanzkrise. Dieses Ergebnis ist besonders erwähnenswert, da drei riskante Indizes in der Strategie verwendet wurden. Im Vergleich zum Durchschnitt der verwendeten Indizes stellt sich eine deutliche Verbesserung ein. Während die Rendite um 50,07 % höher ist, sinkt die Volatilität um 33,51 %.

Kennzahl	Strategie	EuroStoxx 50	Emerging Markets	Gold	iboxx Eurozone	Durchschnitt
Rendite p.a.	10,16 %	-0,15 %	10,45 %	12,77 %	4,01 %	6,77 %
Volatilität p.a.	10,02 %	22,47 %	17,24 %	17,99 %	2,59 %	15,07 %

Tabelle 10: Ergebnisse der Handelsstrategie auf Basis von Volatilitäten

Abb. 11: Charts der Handelsstrategie und der beteiligten Indizes

Für das zweite Beispiel verwenden wir folgende Indizes:

- CRB Spot Index
- REX
- DAX
- S&P 500

Nun sind keine Short-Positionen erlaubt. Ansonsten bleibt die Handelsstrategie aber erhalten. Wir verwenden Daten für den Zeitraum vom 01.01.1988 bis 01.04.2010. Die Ergebnisse finden sich in Tabelle 11 und Abbildung 12.

Kennzahl	Strategie	CRB	REX	DAX	S&P 500	Durchschnitt
Rendite p.a.	6,78 %	2,23 %	5,76 %	8,09 %	6,62 %	5,68 %
Volatilität p.a.	9,09 %	6,51 %	3,30 %	22,65 %	17,84 %	12,57 %

Tabelle 11: Ergebnisse der Handelsstrategie auf Basis von Volatilitäten

STRUKTURBRÜCHE BEI KORRELATIONEN UND VOLATILITÄTEN ...

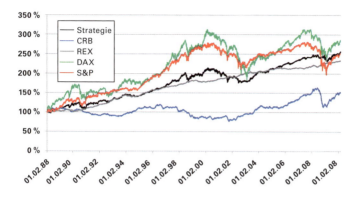

Abb. 12: Charts der Handelsstrategie und der beteiligten Indizes

Die Ergebnisse ähneln denen des ersten Beispiels. Der Portfolioverlauf ist sehr stabil – auch und gerade während der Finanzkrise. Dabei wird die durchschnittliche Rendite wieder deutlich geschlagen (19,44 %), während die Volatilität im Vergleich zum Mittelwert sinkt (27,69 %).

Die Resultate zeigen, dass sich relativ einfach sinnvolle und erfolgreiche Handelsstrategien durch den Einsatz von Strukturbrüchen konstruieren lassen. Dabei sind die Möglichkeiten aber bei Weitem noch nicht ausgereizt und liegen im Fokus der aktuellen Forschung. Folgende Fragen stehen dabei im Mittelpunkt:

- Lassen sich die Strategien verbessern, wenn zwischen Strukturbrüchen mit steigenden beziehungsweise fallenden Volatilitäten unterschieden wird?
- Wie kann die Gleichverteilung zwischen erlaubten Indizes sinnvoll verbessert werden? So ist es bei der vorgestellten Strategie noch möglich, dass ein Asset 100 % des Portfolios bildet, was in der Realität nicht sinnvoll/realistisch erscheint.

- Wie verhalten sich Strategien, wenn der Markowitz-Ansatz mit Strukturbrüchen kombiniert wird?
- Wie können a priori geeignete Indizes für die Anwendung der Strategien zusammengestellt werden? Eine ähnliche Fragestellung ist, wie zu einem vorgegebenen Rendite-Risiko-Profil des Anlegers eine möglichst passgenaue Strategie zusammengestellt werden kann.

Sollten diese Fragen beantwortet werden können, resultiert daraus eine große Bandbreite an aussichtsreichen, flexiblen und rein quantitativen Handelsstrategien.

2.6 WEITERE ANWENDUNGSMÖGLICHKEITEN

In diesem Abschnitt wollen wir weitere Anwendungsmöglichkeiten der Tests beschreiben. Die ursprüngliche Idee bei der Entwicklung des Tests war es, optimale Zeitpunkte für die Neuoptimierung eines Portfolios zu finden. Dieses Problem wird in der Praxis oft vernachlässigt und lediglich mit Ad-hoc-Methoden gelöst. So wird ein Portfolio meistens in bestimmten Abständen (zum Beispiel quartalsweise) angepasst. Alternativ wird gerne der Kalender des Lenkungsausschusses als Orientierung herangezogen.

Da es auch in der Literatur nur wenig Arbeiten zu diesem Thema gibt, sollte diese Lücke mithilfe von Strukturbrüchen geschlossen werden. Dabei ist die Idee wie folgt: Ändern sich die Input-Parameter (unter anderem Korrelationen und Volatilitäten) signifikant, ist das Optimierungsergebnis nicht länger valide. Somit muss in diesem Fall eine Neuoptimierung durchgeführt werden. Solange die ursprünglichen Marktparameter aber noch als konstant angenommen werden können, ist dies nicht notwendig. Somit kann das *Timing* signifikant verbessert werden.

Eine weitere Anwendungsmöglichkeit ist die Implementierung einer *Warnfunktion*. Sollten ungünstige Parameterverschiebungen eintreten, können Warnmeldungen für das Risikomanagement generiert werden. Solch eine Alert-Funktion hätte unserem E-Mail-Schreiber sicherlich einen Großteil seiner Verluste erspart. Auch die Einhaltung von Risikolimiten kann so regelmäßig und verlässlich überprüft werden, da sich auf Basis der Strukturbrüche die *Parameterschätzungen* signifikant verbessern und einfach kontrollieren lassen.

3. Praktische Umsetzung der Strategien

3.1 QUANTITATIVE MODELLE IM BERATERALLTAG

Richtig genutzt stellen quantitative Modelle eine große Hilfe im Berateralltag dar – Arbeitsschritte können automatisiert und der Arbeitsaufwand damit erheblich reduziert werden. Auch im Hinblick auf die aktuellen Entwicklungen bei den Bemühungen der Regierung zur Novellierung des Finanzanlagenvermittlungs- und Vermögensanlagerechts gewinnen ausführliche und vor allem transparente Anlegerberatung und ihre Dokumentation immer mehr an Bedeutung.

Beginnen wir mit dem Thema Haftungssicherheit. Die aktuelle Rechtsprechung ist stets um den Kundenschutz bemüht, woraus diverse Pflichten für den Berater resultieren. Hierzu zählt allem voran eine umfassende Informationspflicht für alle für die Anlage entscheidungsrelevanten Umstände. Eine Herausforderung für den Berater, denn jeder Fall birgt individuelle Anforderungen.

Hier kann der Einsatz einer modernen Software zur Portfoliooptimierung, verbunden mit klar strukturierten Prozessen, große Erleichterungen bieten. So lässt sich klar und transparent dokumentieren, welche Annahmen und Parameter in die Optimierung eingeflossen sind. Beispielsweise können gemeinsam erarbeitete Renditeprognosen oder vorgegebene Mindestlimite an einzelne Anlagen automatisch dokumentiert und später auch kommentiert werden. Ist das Ziel eines Kunden beispielsweise Kapitalerhalt, könnte es zielführend sein, dass ein Mindestanteil von 20 % Gold gefordert wird, um den Anleger vor Inflationsszenarien zu schützen. Diese Vorgabe an den Optimierer kann im Reporting klar kommentiert und dokumentiert werden. Lässt sich der Berater diese Unterlage vom Kunden unterzeichnen, hat er auf effektivstem Weg ein umfangreiches Dokument zu seiner Absicherung.

Daneben können durch den Einsatz quantitativer Hilfsmittel objektive Risiko- und Renditekennzahlen gegenübergestellt werden, was im Gegensatz zur Klassifizierung in Risikotypen zusätzlich für Transparenz sorgt.

Bei dem Thema Haftungssicherheit muss jedoch noch mehr beachtet werden. So kann eine ungenügende Aufklärung und damit Pflichtverletzung schon dann vorliegen, wenn der Berater zwar Angaben zu einem Finanzprodukt (etwa Rendite und Risiko) vorträgt, jedoch nicht mit seiner Sachkunde auf Plausibilität überprüft.

Durch den BGH wurde entschieden, dass eine Kundin und spätere Klägerin von dem beklagten Anlagevermittler Schadenersatz beanspruchen kann, weil er unter anderem durch mangelnde Aufklärung über die Plausibilität der erwarteten Rendite des beworbenen Finanzprodukts den mit der Kundin geschlossenen Auskunftsvertrag schuldhaft verletzt hat (BGH [2005]). Kapitalanlagevermittler sind unabhängig davon, ob sie besonderes Vertrauen genießen, verpflichtet, das Anlagekonzept, bezüglich dessen sie Auskunft erteilen sollen, (wenigstens) auf Plausibilität, insbesondere auf wirtschaftliche Tragfähigkeit hin, zu prüfen. Anderenfalls können sie keine sachgerechten Auskünfte erteilen. Daher ist es von enormer Wichtigkeit, dass getroffene Annahmen, gerade wenn sie mit dem Kunden zusammen erarbeitet wurden, klar dokumentiert werden.

An dieser Stelle sei angemerkt, dass wir grob verallgemeinernd keine Differenzierung zwischen Vermittlern und Beratern beziehungsweise nach Voraussetzung über ihre Zulassung (bei § 34c GewO ist eine bevorstehende Gesetzesänderung zu beachten: bald §34f f. GewO

vornehmen. Der Plausibilitätscheck und andere Regelungen sind für verschiedene Gruppen in den neuen Regelungswerken und -entwürfen (s. insb. AnsFuG, VermAnlG) vorausgesetzt.

Außerdem ist zu beachten, dass ein Auskunftsvertrag mit Haftungsfolgen zwischen einem Anlageinteressenten und dem Anlagevermittler schon dann (auch stillschweigend) zustande kommt, wenn der Interessent deutlich macht, dass er auf eine bestimmte Anlageentscheidung bezogen die besonderen Kenntnisse und Verbindungen des Vermittlers in Anspruch nehmen will und dieser die gewünschte Tätigkeit beginnt (BGH [2005]).

Die ausführliche Überprüfung der Risikogegebenheiten von Kunde und Finanzprodukt ist daher von erheblicher Bedeutung. Auch hier können quantitative Modelle weiterhelfen, da das Hauptaugenmerk einer Portfoliooptimierung stets auf dem optimalen Verhältnis von Rendite und Risiko liegt. Das Risiko kann abhängig von der Wahl des Modells nach Präferenzen des Kunden definiert und bei der Optimierung minimiert werden. So erhält der Nutzer jederzeit eine Gegenüberstellung von erzielbarer Rendite und dem dafür notwendigen Risiko. Dabei sollte der Berater jedoch darauf achten, dass das Risiko nicht in abstrakten Größen (zum Beispiel Volatilität), sondern in Euro-Beträgen angegeben wird.

Wie in Kapitel 1.6 dargestellt, kann beim (T)VaR eine Wahrscheinlichkeit definiert werden, die vorgibt, wie konservativ die Risikoschätzung ist. Beispielsweise könnten für jüngere oder risikofreudigere Anleger niedrige Wahrscheinlichkeiten (zum Beispiel 90 %) gewählt werden, während bei älteren oder vorsichtigeren Anlegern eine höhere gewählt wird. So kann das Risiko anlegerspezifisch ermittelt und in Euro-Beträgen ausgegeben werden. Hier sei wieder auf die E-Mail vom Anfang verwiesen. Viele Anleger waren sich der Risiken ihrer Anlagen erst im Nachhinein bewusst – und da war es leider meistens zu spät.

Diese vielen Herausforderungen, aber auch Chancen, wie wir später sehen werden, gewinnen heute nur noch mehr an Bedeutung, denn weitere Veränderungen beziehungsweise Konkretisierungen stehen kurz bevor.

Aktuelle Gesetzentwürfe der Bundesregierung (s. Gesetz zur Novellierung des Finanzanlagenvermittler- und Vermögensanlagenrechts, Inkrafttreten: 01.06.2012) setzen sowohl auf der Produkt- als auch auf der Vertriebsebene an. Klares Ziel ist die Stärkung des Anlegerschutzes durch:

1. strengere Produktregulierung von Graumarktprodukten sowie
2. die Erhöhung der Anforderungen an den Vertrieb von Finanzanlagen – und damit auch an den Vermittler/Berater selbst.

Für den Vertrieb von Finanzinstrumenten durch Banken sowie freie Vermittler sollen im Sinne eines einheitlichen Verbraucherschutzes zukünftig die gleichen Spielregeln gelten. Die anlegerschützenden Verhaltenspflichten des Sechsten Abschnitts des Wertpapierhandelsgesetzes (WpHG), also vornehmlich Informations-, Beratungs- und Dokumentationspflichten, sollen auf gewerbliche Finanzanlagenvermittler übertragen werden (A.3.: Bundesfinanzministerium I). Damit gilt für den Verbraucher ein gleichwertiger Schutz, unabhängig davon, ob er Finanzanlagen über Banken oder freie Vermittler erwirbt.

Kommen wir kurz zu den weiteren bedeutendsten Eckpunkten. Neu ist unter anderem die Voraussetzung eines Sachkundenachweises (IHK-Prüfung oder gleichgestellter Berufsabschluss) zur Erteilung der Erlaubnis für den gewerblichen Vertrieb von Finanzanlagen und die Finanzanlagenberatung sowie eine Berufshaftpflichtversicherung. Das bedeutet, dass auch der Finanzanlagenvermittler sich künftig in IHK-geführten, öffentlich einsehbaren Vermittlerregistern registrieren lassen muss und zudem die bisher nur für Banken und Wertpapierdienstleistungsunternehmen mit KWG-Erlaubnis geltenden Informations-, Beratungs- und Dokumentationspflichten erfüllen muss.

Dazu gehören beim Vertrieb von Fonds unter anderem auch die Erstellung von Beratungsprotokollen, die Aushändigung von Produktinformationsblättern und Prospekten sowie die Offenlegung von Provisionen. Wie bereits erwähnt, bei der Unterstützung der geforderten individuellen Beratungsdokumentation und der Erstellung einer transparenten Anlageempfehlung sind quantitative Modelle sehr hilfreich. Folgende weiterführenden Informationen sind dabei unbedingt zu erfassen:

- Wer wurde beraten und wer war außerdem anwesend?
- Was war Anlass des Beratungsgesprächs und welche Dauer hatte dieses?
- Wie ist die berufliche und familiäre Situation des Kunden, was seine Anlageerfahrung?
- Wo liegen seine Ziele und welche Risikoaversion hat er?
- Wie ist die Bilanz aus Vermögen und Verbindlichkeiten?
- Welche Finanzinstrumente und Wertpapierdienstleistungen wurden besprochen?
- Welche Produktempfehlungen wurden gegeben und wie war die Begründung dafür?
- Welche Themenbereiche wurden weiterhin angesprochen und welche wesentlichen Aussagen hat der Berater dabei getroffen?
- Welches weitere Vorgehen wurde vereinbart?

Dabei ist unbedingt darauf zu achten, dass auch ein Hinweis auf Krisenszenarien erfolgt und aufgenommen wird, denn der Anleger sollte über Stressszenarien und einen möglichen Totalverlust informiert und aufgeklärt werden.

Weiter bieten quantitative Modelle vielversprechende Möglichkeiten für den Einsatz in Marketing und Vertrieb. Beginnen wir mit dem Thema Portfoliooptimierung. Dabei handelt es sich bei den meisten Modellen um sogenannte Einperiodenmodelle. Daher ergeben sich mit Bestandskunden automatisch regelmäßige Termine zur Überwachung ihres Portfolios beziehungsweise zur Neuoptimierung. Beispielsweise könnte nach der Optimierung und Aushändigung des Ergebnisses direkt ein neuer Termin vereinbart werden, in welchem die Anlageentscheidung überprüft und die Strategie gegebenenfalls angepasst wird. Dieses Vorgehen schafft Vertrauen und stärkt die Kundenbindung. Daneben ergeben sich durch die regelmäßigen Termine automatisch Gelegenheiten, weitere Produkte beziehungsweise Dienstleistungen anzubieten. Die Anleger wünschen sich heutzutage eine solche Betreuung, wie die einleitende E-Mail zeigt.

Weiterhin kann der Berater bei diesen Terminen seine Arbeit transparent darstellen und gegebenenfalls auch Vorzüge einer Produkterweiterung oder eines Strategiewechsels verdeutlichen. Zudem können am Ende der Beratung die Ergebnisse der Optimierung als Handout mitgeliefert werden, sodass sich Multiplikatoreneffekte einstellen. Letztendlich ist solch ein moderner und klar strukturierter Beratungsprozess auch ein Alleinstellungsmerkmal gegenüber Mitbewerbern und eine Abgrenzung zu diesen.

Ähnliche Überlegungen gelten auch für die Neukundengewinnung. Wie unsere einleitende, exemplarische E-Mail eines Anlegers zeigt, werden Weiterentwicklung und Aufklärung verlangt. So können Informationsveranstaltungen, Seminare und Probeauswertungen einen guten Weg darstellen, sich interessierten Anlegern und potenziellen Kunden zu präsentieren.

Letztendlich können quantitative Modelle auch dazu verwendet werden, zusätzliche Dienstleistungen zu generieren und anzubieten. Wie im Prolog deutlich wird, sind Kunden durchaus bereit, für die Überwachung eines Portfolios zu bezahlen. Es könnten dazu beispielsweise während der Beratung Verlustschwellen festgelegt werden, bei deren Überschreitung bestimmte Eskalationsmechanismen ausgelöst werden – angefangen bei einer einfachen Benachrichtigung des Kunden bis hin zu festgelegten Umschichtungen. Auch die Annahmen und Parameter, die als Grundlage für die Anlageentscheidung verwendet wurden, können regelmäßig überprüft werden. Sind die Entwicklungen ungünstig, sind wieder zuvor definierte Handlungen einzuleiten. Derartige Dienstleistungen können einerseits zusätzliche und konstante Erträge generieren. Daneben steigern sie die Kundenzufriedenheit und das Vertrauen. Sie stellen daher eine ideale Ergänzung zur klassischen Anlageberatung dar.

3.2 QUANTITATIVE MODELLE IM ANLEGERALLTAG

Quantitative Modelle stellen für jeden Anleger eine gute und sinnvolle Unterstützung bei Anlageentscheidungen dar. Allerdings setzt dies auch ein entsprechendes Vorwissen voraus. Im Folgenden soll ein Überblick gegeben werden, für welche Themengebiete ein Einsatz relevant ist.

Zunächst bildet ein guter Wissensstand des Anlegers die Basis und das im mehrfachen Sinne: Neben einem fundierten Fachwissen muss sich jeder Anleger bewusst sein, welches Anlageziel er verfolgt und welches Risiko er dabei einzugehen bereit ist. Darüber hinaus muss er die allgemeinen Risiken, wie etwa die Konjunkturlage, die Inflationsrate und die Entwicklung des Kapitalmarkts, sowie spezielle Risiken, die sich aus besonderen Umständen des Anlageobjekts ergeben, einschätzen können. Zuletzt muss der Anleger eine eigene Strategie entwickeln, die möglichst gut zu seinen Präferenzen passt, und hierzu mit Grundbegriffen des Kapitalanlage- und Risikomanagements umgehen können.

In der Finanzkrise haben private Anleger nicht nur viel Geld verloren, sondern oft auch das Vertrauen in ihre Anlageberater, und werden daher nun selbst aktiv. So wird dem Trend, dass viele Anleger in dieser unsteten Zeit verstärkt das Bedürfnis nach mehr Selbstbestimmung entwickeln, in der Praxis bereits Rechnung getragen. Das äußert sich in dem wachsenden Angebot an Seminaren beziehungsweise Webinaren und neuen Internetplattformen für private Investoren.

Grundbegriffe und Zusammenhänge zu verstehen und zu erkennen, ist für die eigene Anlageentscheidung unbedingt erforderlich. Um notwendiges Wissen zu erlangen, gibt es heute zahlreiche Alternativen zu einem reinen Bücherstudium.

Ein guter Anhaltspunkt für Privatanleger sind auch Musterportfolios. Dabei handelt es sich um vordefinierte Ergebnisse einer Portfoliooptimierung, das heißt, es werden sinnvoll gewichtete Portfolios verschiedener Rendite-Risiko-Profile erstellt, die es ermöglichen, diverse Informationen und Kennzahlen abzulesen – ein guter Anfang für die Anlagestrukturierung. Wohlstrukturierte Musterportfolios sorgen automatisch dafür, dass das Vermögen breit diversifiziert wird, sodass eine Absicherung gegen möglichst viele Szenarien erreicht werden kann, auch wenn dies in den letzten Jahren mit einer Vielzahl von Krisen scheinbar immer schwieriger geworden ist.

Wie bereits in Kapitel 3.1 beschrieben, können quantitative Modelle auch und gerade bei der Überwachung eines Portfolios gute Dienste leisten. Trends können identifiziert, Parameteränderungen bestimmt oder Risikolimite überwacht werden. Dies stellt einerseits sicher, dass ohne viel Aufwand aktuelle Entwicklungen automatisch berücksichtigt und bewertet werden. Andererseits kann die Informationsflut, der ein Anleger heute ausgesetzt ist, auf ein überschaubares Maß reduziert werden. Daneben sind quantitative Ansätze per se „emotionslos". Dies bedeutet, dass Gefühle wie Angst oder Gier keine Rolle spielen und der Fokus auf objektiven, mathematischen Fakten liegt.

Für die praktische Umsetzung stehen dem Anleger inzwischen verschiedene günstige oder sogar kostenlose Tools im Internet zur Verfügung. So gibt es zum Beispiel Hilfestellung zu folgenden Themen

1. Anlagestrategie/-planung: Hilfe bei der Festlegung von Anlagezielen und des Anlageuniversums sowie der Ermittlung von Risikobereitschaft, Risikotragfähigkeit und des Risikobudgets

2. Portfoliooptimierung: Optimierung des Portfolios nach festgelegten Rahmenbedingungen mit Darstellung passender Anlagevehikel.
3. Überwachung: Die Überwachung des Portfolios und des Risikobudgets sowie der Kontrolle weiterer Risikopotenziale (unter anderem Marktparameter).
4. Reporting: Ausgabe eines regelmäßigen Reportings, das alle Eingaben zusammenfasst, festgelegte Kennzahlen ausgibt und eine grafische Darstellung der Ergebnisse liefert.

Bei allen beschriebenen Werkzeugen sollte nicht in Vergessenheit geraten, dass eine gewisse Vorbildung für eigenverantwortliche Anlageentscheidungen unerlässlich ist und auch dann noch eine (ergänzende) Beraterleistung sinnvoll sein kann.

Dabei ist es empfehlenswert, auf Unabhängigkeit Wert zu legen. In der Regel ist anzunehmen, dass der freie Finanzexperte unabhängiger ist als ein Bankangestellter oder Strukturvertriebler, da bei diesen Interessenkonflikte zwischen Kunden und Arbeitgebern nicht ausgeschlossen werden können. Er erhält seine Entlohnung auf Provisionsbasis, das heißt, Geld verdient er erst, wenn der Kunde einen Fonds kauft oder eine Versicherung abschließt.

Eine Alternative ist hier die Beratung gegen Honorar. Dabei verzichten Makler im Idealfall vollständig auf Vertriebsprovisionen. Der Kunde zahlt stattdessen ein Honorar für die Dienstleistung. Obwohl die Zahlung eines Honorars auf den ersten Blick teurer und daher psychologisch abschreckend wirkt, ist dies unter dem Strich aber zumeist die deutlich preiswertere Variante. So entfallen bei diesem Konzept zum Beispiel Ausgabeaufschläge auf Fonds oder die späteren (Folge-)Kosten des Produkts sind deutlich geringer. Die Beratung wird daher am Ende der Anlage trotz des Honorars meist dennoch preiswerter.

Darüber hinaus besteht für den Honorarberater kein Interessenkonflikt zwischen Arbeitgeber und Kunde. Daher kann davon ausgegangen werden, dass die Empfehlung im Durchschnitt zielführender und von höherer Qualität ist. Im Gegensatz zu Deutschland ist diese Form der Anlageberatung in vielen (angelsächsischen) Ländern schon deutlich verbreiteter.

Welche Informationsquelle oder Art der Anlageberatung auch immer in Anspruch genommen wird, quantitative Modelle helfen bei der Bewertung und Überprüfung auf Stichhaltigkeit. Populäre und weit verbreitete Aussagen, wie sie beispielhaft in der Einleitung aufgeführt sind, können sachlich und nüchtern beurteilt werden. So ist es beispielsweise ein Fakt, dass mit Aktien in den letzten Jahren mit einem „Buy and Hold"-Ansatz kein Geld verdient werden konnte. Ebenso reicht es nicht aus, das Kapital durch verschiedene Aktienfonds zu diversifizieren. Auch die Märchen von hohen Renditen ohne Risiko, den Vorteilen aktiver Strategien oder den treffsicheren Analysten können relativ einfach und schnell entzaubert werden.

4. Quantitative Modelle und die Schuldenkrise

Wir haben in unserem Beitrag verschiedene quantitative Verfahren vorgestellt, die Anleger bei Investitionsentscheidungen unterstützen können. Dabei wurden sowohl klassische Ansätze (Markowitz-Optimierung) als auch moderne Verfahren (unter anderem Tests auf Strukturbrüche) erläutert. Das abschließende Kapitel wollen wir nutzen, um die vorgestellten Methoden im Zusammenhang mit der aktuellen Schuldenkrise zu bewerten.

Schreibt man in der heutigen Zeit (August/September 2011) einen Beitrag zum Thema Kapitalanlage- und Risikomanagement, so ist es kaum möglich, das Thema Schuldenkrise auszuklammern. Zu sehr bestimmen momentan Angst, Verunsicherung und Sorge das Bild der Kapitalmärkte, gerade in der Eurozone. Daneben glauben wir, dass die

Auswirkungen und Szenarien, die in den Medien von sogenannten Experten diskutiert werden, die wirkliche Gefahr bei Weitem noch nicht ausreichend widerspiegeln.

Wir könnten bei unseren Ausführungen eine Menge Argumente anführen, die für unsere Meinung sprechen. Sei es die politische Uneinigkeit (oder sollte man Unfähigkeit sagen?), das Verhalten der handelnden Personen (manchmal scheint die Sorge um die nächste Wiederwahl größer als die Sorge um den Euro), die extreme Ausweitung der Liquidität (die Pressen der Notenbanken dürften inzwischen glühen) oder die mangelnde Kommunikation mit der uneinsichtigen Bevölkerung (in Griechenland, England und Frankreich gab es in den letzten Monaten bereits vorübergehend bürgerkriegsartige Zustände). Da sich unser Beitrag aber mit quantitativen Modellen beschäftigt, soll an dieser Stelle allein ein quantitatives Argument reichen, um unsere These, die wir später noch genauer aufstellen, zu untermauern.

Beginnen wir mit einem Gedankenexperiment. Nehmen Sie hierzu an, Sie legen 100 Euro zu einem festen Zinssatz, sagen wir zu 2 %, für ein Jahr an. Nun nehmen wir weiter an, dass Sie nach diesem Jahr das Geld mit Zinsen wieder zu 2 % anlegen. Im ersten Jahr erhalten Sie natürlich 2 Euro Zinsen, während es im zweiten 2,04 Euro sind. Nun mag dieser Unterschied auf den ersten Blick als minimaler Zuwachs erscheinen. Dabei darf man aber nicht übersehen, dass es sich hier bei mehrmaliger Wiederholung um ein exponentielles Wachstum handelt. Jeder mit einer minimalen Grundausbildung in Mathematik weiß, dass die absoluten Zuwächse von exponentiellen Funktionen, auch wenn die Wachstumsrate noch so klein ist, mit der Zeit regelrecht explodieren – so auch beim Zinseszinseffekt.

Ein schönes Beispiel für diesen Sachverhalt ist das Gedankenexperiment vom Josephspfennig. Angenommen, Joseph hätte für Jesus 1 Euro angelegt und dieser wäre bis heute mit 1 % verzinst worden, so würde sich das Vermögen nun auf fast eine halbe Milliarde Euro (490.097.714 Euro) belaufen. Bei 3 % wären es schon $1,97 * 10^{17}$ Euro und bei 5 % sogar 4,09 * 10^{42} Euro – kaum noch vorstellbare Zahlen. Zum Vergleich: Die Erde wiegt circa 6 * 10^{24} kg. Nimmt man einen Goldpreis von 40.000 Euro/kg an, wäre eine Erde aus Gold lediglich 2,34 * 10^{29} Euro wert, also deutlich weniger als das resultierende Vermögen bei einer Verzinsung von 5 %. Dieses Beispiel zeigt sehr schön, welche Ausmaße ein nicht kontrolliertes exponentielles Wachstum annehmen kann.

Jedoch ist die Staatsverschuldung, so wie sie im Stabilitäts- und Wachstumspakt (welch absurder Name) mit 3 % des jährlichen BIPs erlaubt ist, nichts anderes als ein erlaubtes exponentielles Wachstum der Staatsverschuldung. Dies wäre sogar noch zu vertreten, wenn sich das Wirtschaftswachstum in einem ähnlichen Rahmen entwickeln würde (wobei natürlich auch hier zum Beispiel durch die vorhandenen Ressourcen natürliche Grenzen gesetzt sind). In der Realität kann man jedoch beobachten, dass einerseits die erlaubten 3 % regelmäßig überschritten werden und andererseits das Wirtschaftswachstum sich schon lange nicht mehr in diesen Größenordnungen bewegt. Folglich wächst die Staatsverschuldung mit rasanter und weiter zunehmender Geschwindigkeit, wenn nicht hart gegengesteuert wird. Wir zitieren hier von der Internetseite des Bundesministeriums für Finanzen (A.3.: Bundesfinanzministerium II):

„Deutschland wird nicht ‚Pleite gehen'. Wir haben aber wirklich auch keinen Grund unsere Hände in den Schoß zu legen. Tatsächlich steigt die Verschuldungsquote Deutschlands in den nächsten Jahren von aktuell rd. 65 Prozent in Relation zum Bruttoinlandsprodukt voraussichtlich auf über 70 Prozent in 2012 an. Kritisch sind hohe Schuldenstände vor allem, weil der damit einhergehende Anstieg der Zinsbelastung die staatlichen Handlungsspielräume – insbesondere auch für wachstumsorientierte Ausgabenbereiche – einschränkt.

Bereits heute zahlt allein der Bund für seine rund 950 Mrd. Euro Schulden jährlich Zinsen in Höhe von 42 Mrd. Euro. Der Anteil der Zinsausgaben am Bundeshaushalt ist in den vergangenen 40 Jahren von 2,5 Prozent auf 14,2 Prozent gestiegen (trotz des aktuell niedrigen Zinsniveaus). Zwei Drittel des Bundeshaushalts sind durch Zinsausgaben und Ausgaben für die soziale Sicherung ‚gebunden'. Dies schränkt die staatlichen Handlungsspielräume für Zukunftsinvestitionen bereits heute deutlich ein."

Wir teilen alle Sorgen und Bedenken uneingeschränkt und hätten es nicht besser formulieren können. Doch die Konsequenz, „Deutschland wird nicht ‚Pleite gehen'", möchten wir noch einmal hinterfragen, zumal der wirkliche Schuldenstand, wenn man Länder und Gemeinden mit einrechnet, mit circa zwei Billionen deutlich höher liegt (A.3.: Bund der Steuerzahler). Wie bereits weiter oben ausgeführt, hat ein exponentielles Wachstum zwei relevante Eigenschaften für unsere Fragestellung. Einerseits verläuft exponentielles Wachstum zu Beginn sehr langsam, nimmt aber deutlich an Fahrt auf und wird dann sehr schnell unkontrollierbar groß. Andererseits besteht für ein exponentielles Wachstum bei endlichen Ressourcen eine natürliche Grenze. Da wir uns mit der Staatsverschuldung mittlerweile im fortgeschrittenen Wachstum befinden, stellen wir folgende These auf:

Innerhalb der nächsten zehn Jahre wird es zu einem Zusammenbruch der Eurozone und entweder zu mehreren Staatspleiten beziehungsweise Schuldenschnitten oder einer extrem hohen Inflation kommen. Die einzige Möglichkeit, diesem entgegenzuwirken, nämlich die Haushalte nachhaltig zu sanieren, wird von der Politik nicht umgesetzt werden.

An dieser Stelle sei angemerkt, dass sich zwischen der Erstellung dieses Beitrages (August/September 2011) und der Veröffentlichung des Buches bereits die erste Staatspleite beziehungsweise der erste Schuldenschnitt ereignet hat. Auf sinnvolle und effektive Gegenmaßnahmen seitens der Politik wartet man dennoch vergebens. Es ist mehr als fraglich, ob der hochgelobte Fiskalpakt wirklich eingehalten wird und zu mehr Haushaltsdisziplin führt. Wie dem auch sei, die strukturellen Probleme in den südlichen Ländern und die dortige hohe (Jugend-)Arbeitslosigkeit wird er sicherlich nicht beheben.

Nehmen wir nun diese Zukunftprognose als gegeben an. Dann stellt sich die Frage, inwiefern quantitative Modelle noch bei der Geldanlage helfen können – zu Beginn des Szenarios sicherlich eine ganze Menge. Beispielsweise können über Strukturbrüche zeitnah und verlässlich Trends von verschiedenen Anlagen erfasst werden. So kann man diese ebenfalls auf die Zinsentwicklungen, die sich direkt auf den Wert von Anleihen auswirken, anwenden oder Währungsverhältnisse analysieren. Denn es würden, falls unsere These zutrifft, Zinsen deutlich ansteigen und der Euro gegenüber externen Währungen (zum Beispiel der Norwegischen Krone) stark an Wert verlieren. Daneben wären Sachwerte (unter anderem Edelmetalle) der große Gewinner. Dies alles ließe sich rational und emotionslos an den quantitativen Ergebnissen ablesen.

Wie dem auch sei, die Schwankungsbreite beziehungsweise Volatilität würde in solch einem Szenario deutlich ansteigen. Somit könnte eine formale Portfoliooptimierung helfen, den Verlauf des Portfolios zu stabilisieren. Jedoch ist es hierfür a priori notwendig, Anlageklassen für die Optimierung auszuwählen, die in dem angenommenen Szenario nicht zu den großen Verlierern zählen. Hier könnte es auch interessant sein, bewusst „Short-Strategien", das heißt die Spekulation auf fallende Kurse, zu berücksichtigen, da die Grundannahme „langfristig geht es (an den Börsen) immer aufwärts" nicht mehr zutrifft. All diese Überlegungen helfen, mit einer Optimierung ein robustes Portfolio zusammenzustellen.

Folglich können, solange wir nicht vom Eintritt eines Endzeitszenarios ausgehen, quantitative Modelle auch in Extremsituationen sinnvolle Leitplanken für Anlageentscheidungen darstellen. Dennoch möchten wir zum Abschluss dieses Beitrags ausdrücklich festhalten, dass auch quantitative Ansätze nicht den gesunden Menschenverstand ersetzen können. Werden beispielsweise bei einer Portfoliooptimierung nur Anlageklassen berücksichtigt, die in zukünftigen Szenarien starke Verluste einfahren, kann auch der beste

Optimierungsalgorithmus nicht vor Verlusten schützen. Daneben müssen im aktuellen Umfeld auch immer wieder Stressszenarien entwickelt und durchdacht werden. Dabei muss ganz offen hinterfragt werden: „Was passiert mit meinem Vermögen/Portfolio, wenn eine bestimmte Entwicklung eintritt?" (Deutsche) Staatsanleihen haben aktuell in allen Risikomodellen sehr günstige Werte. Doch was passiert mit diesen (und dazu gehören auch die ersparten Rentenansprüche), wenn die Staatsverschuldung nicht eingedämmt wird? Wenn die Inflation deutlich ansteigt? Wenn es zu Schuldenschnitten kommt?

Festzuhalten bleibt, dass mit gesundem Menschenverstand im Zusammenspiel mit quantitativen Ansätzen in beinahe allen Szenarien sinnvolle und lukrative Strategien entwickelt werden können. Daneben bleibt uns nur zu hoffen, dass die folgende E-Mail nie geschrieben wird.

EPILOG

Guten Tag Herr Ziggel,
Ihre quantitativen Ansätze waren eine große Hilfe bei meinen Anlageentscheidungen. Glücklicherweise konnte ich aber auch meinem gesunden Menschenverstand vertrauen. Sonst hätte ich die aktuelle dramatische Krise nicht so gut bewältigt.
Wie von Ihnen angekündigt, hat das exponentielle Wachstum der Staatsschulden und die Untätigkeit der Politik dazu geführt, dass die Eurozone zusammengebrochen ist, Staatsanleihen nicht zurückgezahlt werden konnten und die Inflation rapide zugenommen hat.
Nun liegt die Wirtschaft am Boden und für Konjunkturprogramme ist kein Geld mehr da. Zusätzlich führen gesellschaftliche Unruhen dazu, dass die Politik weitestgehend handlungsunfähig ist. Glücklicherweise wohne ich weit genug außerhalb, sodass hier noch keine Autos brennen.
Der Erwerb einer selbstgenutzten Immobilie mit etwas Land und die frühzeitige Investition in Edelmetalle war genau die richtige Strategie und sichert mir selbst unter diesen Umständen einen guten Lebensstandard.
Ich wünsche Ihnen, dass Sie die Krise ebenfalls gut meistern konnten, und verbleibe in der Hoffnung, dass es bald wieder aufwärts geht.

Mit freundlichen Grüßen!

Fiktive E-Mail, zwischen 2013 und 2020

Appendix

A.1 FORMELN

Für das reine Verständnis genügt es, zu wissen, dass die Werte ausschließlich aus der Kurshistorie zu berechnen sind. Um aber interessierten Lesern einen tieferen Einblick zu gewähren und eine Nachprogrammierung zu ermöglichen, wird im Folgenden die formale Definition von $\hat{D}$ beziehungsweise $\tilde{D}$ angegeben.

Der Parameter $\hat{D}$ berechnet sich wie folgt:

$$\hat{D} = ((1, -2\overline{X_T})\, \hat{D}_1\, (1, -2\overline{X_T})')^{-1/2}$$

mit $\quad \hat{D}_1 = \dfrac{1}{T}\sum_{i=1}^{T} \hat{U}_i \hat{U}_i' + 2\sum_{j=1}^{T} k\left(\dfrac{j}{Y_T}\right) \dfrac{1}{T} \sum_{i=1}^{T-j} \hat{U}_i \hat{U}_{i+j}'$

und $\quad \hat{U}_I = \begin{pmatrix} X_1^2 - X_T^2 \\ X_1 - X_T \end{pmatrix}$

$\quad k_{(x)} = \begin{cases} 1-|x|, & |x| \leq 1 \\ 0, & \text{sonst} \end{cases}$,

$\quad Y_T = \sqrt{T}$.

$\tilde{D}$ berechnet sich aus:

$$\tilde{D} = (\hat{F}_1 \hat{D}_{3,1} + \hat{F}_2 \hat{D}_{3,2} + \hat{F}_3 \hat{D}_{3,3})^{-1/2}$$

mit

$(\hat{F}_1 \quad \hat{F}_2 \quad \hat{F}_3) = \begin{pmatrix} \hat{D}_{3,1}\hat{E}_{11} + \hat{D}_{3,2}\hat{E}_{21} + \hat{D}_{3,3}\hat{E}_{31} \\ \hat{D}_{3,1}\hat{E}_{12} + \hat{D}_{3,2}\hat{E}_{22} + \hat{D}_{3,3}\hat{E}_{32} \\ \hat{D}_{3,1}\hat{E}_{13} + \hat{D}_{3,2}\hat{E}_{23} + \hat{D}_{3,3}\hat{E}_{33} \end{pmatrix}$

$$\hat{E}_{11} = \hat{D}_{1,11} - 4\hat{\mu}_x \hat{D}_{1,13} + 4\hat{\mu}_x^2 \hat{D}_{1,33} \ ,$$

$$\hat{E}_{12} = \hat{E}_{21} = \hat{D}_{1,12} - 2\hat{\mu}_x \hat{D}_{1,23} - 2\hat{\mu}_y \hat{D}_{1,14} + 4\hat{\mu}_x \hat{\mu}_y \hat{D}_{1,34} \ ,$$

$$\hat{E}_{22} = \hat{D}_{1,22} - 4\hat{\mu}_y \hat{D}_{1,24} + 4\hat{\mu}_y^2 \hat{D}_{1,44} \ ,$$

$$\hat{E}_{13} = \hat{E}_{31} = -\hat{\mu}_y \hat{D}_{1,13} + 2\hat{\mu}_x \hat{\mu}_y \hat{D}_{1,33} - \hat{\mu}_x \hat{D}_{1,14} + 2\hat{\mu}_x^2 \hat{D}_{1,34} + \hat{D}_{1,15} - 2*****$$

$$\hat{E}_{23} = \hat{E}_{32} = -\hat{\mu}_y \hat{D}_{1,23} + 2\hat{\mu}_x \hat{\mu}_y \hat{D}_{1,44} - \hat{\mu}_x \hat{D}_{1,24} + 2\hat{\mu}_y^2 \hat{D}_{1,34} + \hat{D}_{1,25} - 2\hat{\mu}_y \hat{D}_{1,45} \ ,$$

$$\hat{E}_{33} = \hat{\mu}_y^2 \hat{D}_{1,33} + 2\hat{\mu}_x \hat{\mu}_y \hat{D}_{1,34} - 2\hat{\mu}_y \hat{D}_{1,35} + \hat{\mu}_x^2 \hat{D}_{1,44} + \hat{D}_{1,55} - 2\hat{\mu}_x \hat{D}_{1,45} \ ,$$

$$\hat{D}_1 = \begin{pmatrix} \hat{D}_{1,11} & \hat{D}_{1,12} & \hat{D}_{1,13} & \hat{D}_{1,14} & \hat{D}_{1,15} \\ \hat{D}_{1,21} & \hat{D}_{1,22} & \hat{D}_{1,23} & \hat{D}_{1,24} & \hat{D}_{1,25} \\ \hat{D}_{1,31} & \hat{D}_{1,32} & \hat{D}_{1,33} & \hat{D}_{1,34} & \hat{D}_{1,35} \\ \hat{D}_{1,41} & \hat{D}_{1,42} & \hat{D}_{1,43} & \hat{D}_{1,44} & \hat{D}_{1,45} \\ \hat{D}_{1,51} & \hat{D}_{1,52} & \hat{D}_{1,53} & \hat{D}_{1,54} & \hat{D}_{1,55} \end{pmatrix} = \sum_{t=1}^{T} \sum_{u=1}^{T} k\left(\frac{t-u}{Y_T}\right) v_t v'_u$$

$$V_t = \frac{1}{\sqrt{T}} U_t^{***} \ , \quad Y_T = [\log T] \ ,$$

$$U_t^{***} = \left(X_t^2 - \overline{(X^2)}_T \ \ Y_t^2 - \overline{(Y^2)}_T \ \ X_t - \overline{X}_T \ \ Y_t - \overline{Y}_T \ \ X_t Y_t - \overline{(XY)}_T\right)' \ ,$$

$$k_{(x)} = \begin{cases} 1 - |x|, & |x| \leq 1 \\ 0, & \text{sonst} \end{cases} \ ,$$

$$\hat{\mu}_x = \overline{X}_T \ , \quad \hat{\mu}_y = \overline{Y}_T \ , \quad \hat{D}_{3,1} = -\frac{1}{2}\frac{\hat{\sigma}_{xy}}{\hat{\sigma}_y}\hat{\sigma}_x^{-3} \ , \quad \hat{D}_{3,2} = -\frac{1}{2}\frac{\hat{\sigma}_{xy}}{\hat{\sigma}_x}\hat{\sigma}_y^{-3} \ , \quad \hat{D}_{3,3} = \frac{1}{\hat{\sigma}_x \hat{\sigma}_y} \ ,$$

$$\hat{\sigma}_x^2 = \overline{(X^2)}_T - (\overline{X}_T)^2 \ , \quad \hat{\sigma}_y^2 = \overline{(Y^2)}_T - (\overline{Y}_T)^2 \ , \quad \hat{\sigma}_{xy} = \overline{(YX)}_T - \overline{X}_T \overline{Y}_T$$

und

$$(\overline{X^2})_T = \frac{1}{T}\sum_{t=1}^{T} X_t^2 \; , \; (\overline{Y^2})_T = \frac{1}{T}\sum_{t=1}^{T} Y_t^2 \; ,$$

$$\overline{X}_T = \frac{1}{T}\sum_{t=1}^{T} X_t \; , \; \overline{Y}_T = \frac{1}{T}\sum_{t=1}^{T} Y_t \; ,$$

$$(\overline{XY})_T = \frac{1}{T}\sum_{t=1}^{T} X_t Y_t .$$

A.2 LITERATURVERZEICHNIS

Andersen, T.G., Bollerslev, T., Diebold, F.X., Ebens, H. (2001): The distribution of realized stock return volatility, in: Journal of Financial Economics, Vol. 61, No. 1, 43-76

Arnold, M., Bissantz, N., Wied, D., Ziggel, D. (2011): A new onlinetest for changes in correlations between assets, Preprint, Ruhr-Universität Bochum

Aue, A., Hörmann, S., Horváth, L., Reimherr, M. (2009): Break detection in the covariance structure of multivariate time series models, in: Annals of Statistics, 37(6B), 4046-4087

BGH zur Haftung des Anlagevermittlers in: BGH Urteil III ZR 413/04 vom 12. Mai 2005

Billingsley, P. (1968): Convergence of probability measures, Wiley, New York

Bissantz, N., Bissantz, K., Ziggel, D. (2011a): An empirical study of correlation and volatility changes of stock indices and their impact on risk figures, in: Acta Universitatis Danubius – Œconomica, 7(4), 127-141

Bissantz, N., Steinorth, V., Ziggel, D. (2011b): Stabilität von Diversifikationseffekten im Markowitz-Modell, in: AStA Wirtschafts- und Sozialstatistisches Archiv, Vol. 5, Nr. 2, 145-157

Brinson, G. P., Hood, R., Beebower, G. L. (1986): Determinants of Portfolio Performance, in: Financial Analysts Journal, Vol. 42, Nr. 4, 39-48

Brinson, G. P., Singer, B. D., Beebower, G. L. (1991): Determinants of Portfolio Performance II: An Update, in: Financial Analysts Journal, Vol. 47, Nr. 3, 40-48

Campbell, R.A.J., Forbes, C.S., Koedijk, K.G., Kofman, P. (2008): Increasing correlations or just fat tails?, in: Journal of empirical finance, 15, 287-309

Chopra, V. K., Ziemba, W. T. (1993): The Effects of Errors in Means, Variances, and Covariances on Optimal Portfolio Choice, in: The Journal of Portfolio Management, 6-11

Dias, A., Embrechts, P. (2004): Change point analysis for dependence structures in finance and insurance, in G. Szegö, editor, Risk measures of the 21th century

Drobetz, W., Köhler, F. (2002): The Contribution of Asset Allocation Policy to Portfolio Performance, in: Financial Markets and Portfolio Management, Vol. 16, No. 2, 219-233

Frennberg, P., Hansson, B. (1993): Testing the Random Walk Hypothesis on Swedish Stock Prices 1919-1990, in: Journal of Banking and Finance, Vol. 17, No. 1, 175-191

Galeano, P., Peña, D. (2007): Covariance changes detection in multivariate time series, in: Journal of Statistical Planning and Inference, 137(1):194-211

Goetzmann, W.N., Li, L., Rouwenhorst, K.G. (2005): Long-term global market correlations, in: Journal of Business, 78(1):1-38

Ibbotson, R.G., Kaplan, P.D. (2000): Does Asset Allocation Policy Explain 40, 90 or 100 Percent of Performance, in: Financial Analyst Journal, Januar/Februar, 26-33

Jennrich, R.I. (1970): An asymptotic chi-square test for the equality of two correlation matrices, in: Journal of the American Statistical Association, 65:904-912

Kallberg, J.G., Ziemba, W.T. (1984): Mis-Specifications in Portfolio Selection Problems, in: Risk and Capital, Hrsg. G. Bamberg und K. Spremann, New York, 74-87

Longin, F., Solnik B. (1995): Is the correlation in international equity returns constant: 1960-1990?, in: Journal of International Money and Finance, 14, 3-26

Markowitz, H.M. (1952): Portfolio Selection, in: Journal of Finance, 7, No. 1, 77-91

Pearson, E.S., Wilks, S.S. (1933): Methods of statistical analysis appropriate for k samples of two variables, in: Biometrika, 25:353-378

Schäfer, K., Zimmermann, P. (1998): Portfolio Selection und Schätzfehler bei den erwarteten Renditen – Ergebnisse für den deutschen Aktienmarkt, in: Finanzmarkt und Portfolio Management, 12. Jg., No. 2, 131-149

Spremann, K. (2005): Rendite und Wirtschaftsentwicklung, in: Spremann, K. (Hrsg.): Versicherungen im Umbruch. Berlin: Springer, 197-223.

Wied, D., Arnold, M., Bissantz, N., Ziggel D. (2011): A new fluctuation test for constant variances with applications to finance, erscheint in Metrika

Wied, D., Krämer, W., Dehling, H. (2011): Testing for a change in correlation at an unknown point in time, erscheint in: Econometric Theory

Wied, D., Ziggel, D. (2011): Handelsstrategien auf Basis von Strukturbrüchen bei Korrelationen und Volatilitäten, 3. Platz VTAD-Award 2011

Zimmermann, H., Drobetz, W., Oertmann, P. (2002): Global asset allocation, New Jersey: John Wiley & Sons

A.3 INTERNETQUELLEN

Bund der Steuerzahler:
http://www.steuerzahler.de/Schuldenuhr-springt-auf-ueber-2-Billionen-Euro/38507c46567i1p1520/index.html

Bundesfinanzministerium I:
http://www.bundesfinanzministerium.de/nn_1928/DE/BMF__Startseite/Aktuelles/Aktuelle__Gesetze/Gesetzentwuerfe__Arbeitsfassungen/Graumarktregulierung__anl,templateId=raw,property=publicationFile.pdf

Bundesfinanzministerium II:
http://www.bundesfinanzministerium.de/nn_94304/DE/Buergerinnen__und__Buerger/Buergerforum/Themenforen/gesellschaft-und-zukunft/SV__2704__2009__1.html

Nachwort

Vom „Aktionär zum Trader" beschreibt einen Entwicklungsprozess, bei dem der Anleger den professionellen Börsenhandel als Chance begreift, seinen eigenen Geschäftsplan zu begründen und sich selbst sowie seine Mitarbeiter erfolgreich danach zu managen. Die Vorarbeit, die zu leisten ist, ob sie nun als Privatanleger oder Unternehmer mit Personalverantwortung handeln, ist jeweils gleich groß. Um in dem harten Wettbewerb an den internationalen Handelsplätzen auch langfristig bestehen zu können und finanziell wie auch geistig sowie körperlich bei bester Gesundheit zu bleiben, ist eine professionelle Herangehensweise unerlässlich. Die Vorarbeiten, die nötig sind, bis mit echtem Geld investiert werden sollte, sind zugegebenermaßen sehr umfangreich, und wir haben versucht, Ihnen den rechten Eindruck zu vermitteln, wie solch ein planvolles Vorgehen real umgesetzt werden kann. Die Handelsstrategie ist austauschbar, Ihre Organisation des Risikomanagements ist es nicht. Deshalb möchte ich abschließend noch eine letzte Frage stellen.

WARUM ALLES SELBER MACHEN?

Haben Sie sich schon einmal mit den Gedanken befasst, Geld in einem Hedgefonds zu investieren? Einem Fondsmanager 100.000 Euro zu überlassen, damit dieser genau all die Punkte abarbeitet, die wir in diesem Buch als notwendig herausgestellt haben? Hedgefonds sind dafür bekannt, dass sie auch in schlechten Börsenzeiten exorbitante Gewinne erzielen können. Vermutlich ist Ihnen aber das Risiko, die 100.000 Euro zu verlieren, zu hoch oder Sie wollen Ihr Vermögen streuen und einen gewissen Teil selbst managen und eine Konkurrenzsituation zu Ihrem Verwalter aufbauen. Dann brauchen Sie neben einer guten Handelsstrategie aber eine Vorstellung davon, wie Sie Ihr Qualitätsmanagement organisieren. Wir haben Ihnen mit diesem Buch beides vermitteln wollen. Einerseits haben wir die planvolle

Aufbauorganisation, in der die Handelsstrategie eingebettet wird, vorgestellt. Andererseits haben wir Tipps gegeben, wie eine Ablauforganisation Ihre Qualitätsansprüche abdeckt, die Sie bei Verwaltern und Banken vielleicht nicht erfüllt gefunden haben.

Im Namen aller Autoren darf ich Ihnen bei der Umsetzung Ihrer Pläne viel Erfolg wünschen

Ihr Herausgeber Jürgen Nowacki

Die VTAD e.V.

Die VTAD – Vereinigung Technischer Analysten Deutschlands e.V. – ist der autorisierte Landesverband des Weltverbandes IFTA (International Federation of Technical Analysts, USA) und besteht aus 11 Regionalgruppen. Dieser Interessenverband bietet als einzige deutsche Organisation mit der beruflichen Qualifikation zum CFTe, Certified Financial Technician, und dem Master of Financial Technical Analysis international anerkannte Berufsqualifikationsnachweise an. www.VTAD.de

Der VTAD-Award

Der VTAD-Award wird von der Vereinigung Technischer Analysten Deutschlands (VTAD e.V.) ausgelobt.

Es werden drei Preise für Leistungen vergeben, die neue Erkenntnisse auf dem Gebiet der Technischen Analyse vermitteln oder etablierte Techniken entscheidend weiterentwickeln. Die drei Personen mit den besten Beiträgen erhalten eine persönliche Auszeichnung und werden eingeladen, ihre Erkenntnisse während der VTAD-Frühjahrskonferenz einem breiteren Publikum vorzustellen.

> *Die Arbeit soll praxisbezogen sein und zu einem besseren Marktverständnis beitragen. Allein eine Marktvorhersage reicht für die Bewerbung um den Preis nicht aus. Die Präsentation einer analytischen Methode oder eines Handelssystems soll die Resultate der Anwendung der Technik in Bezug auf Vergangenheitsdaten nach generell akzeptierten Test-Standards beinhalten.*
> *e) Der rote Faden und die Klarheit des Geschriebenen sind von hoher Bedeutung. Der Wettbewerb steht jedem offen, der an technischer Analyse interessiert ist. (Auszug aus der Prüfungsordnung)*

Die Liste und Vorträge der VTAD-Award-Gewinner (2007 bis 2011) finden Sie im Veranstaltungsarchiv und unter Forschungsarbeiten.

Das VTAD-Qualitätssiegel

Das Prüfsiegel „VTAD-Geprüft" wird für Arbeiten verliehen, die vom wissenschaftlichen Beirat der VTAD als satzungsgerecht und förderungswürdig beurteilt worden sind. Der Zweck des Vereins liegt in der Förderung und Lehre sowie der Erforschung und Weiterentwicklung technischer Analysemethoden auf wissenschaftlicher Basis in Deutschland, im Sinne einer Standesorganisation.

Danksagung

Meinen besonderen Dank möchte ich an den VTAD-Beirat „Prüfsiegel" und damit an die Herren Dr. Volker Schindel, Unternehmensberater Corporate Finance, München, Herrn Dr. rer.nat.habil. Michael Lorenz, Fakultät für Mathematik und Risikomanagement an der TU Chemnitz, sowie Herrn Dr. Manfred Dürschner, Physiker, richten.

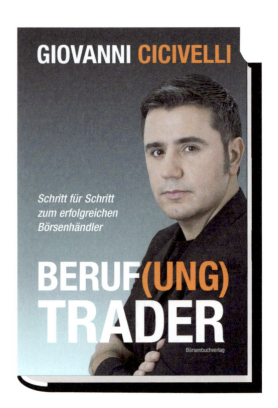

Giovanni Cicivelli – Beruf(ung) Trader

Giovanni Cicivelli ist professioneller privater Trader, gefragter Tradingcoach und Vortragsredner. In diesem Buch erklärt er, wie man das Trading zu seinem Beruf machen kann. Er geht auf wichtige Grundlagen ein und verrät Tipps und Tricks, wie man im alltäglichen Kampf im Börsendschungel erfolgreich agieren kann.

224 Seiten / gebunden mit SU / ISBN: 978-3-864700-34-7 / 29,90 €

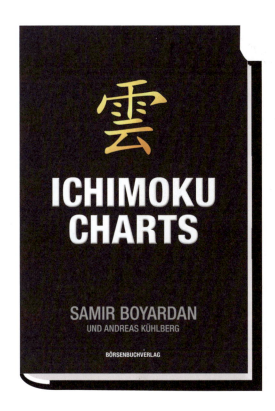

Samir Boyardan und Andreas Kühlberg – Ichimoku-Charts

„Ichimoku-Charts" befasst sich nicht nur detailliert mit dem bewährten, jedoch hierzulande noch nicht allzu weit verbreiteten Trendfolge-Indikator Ichimoku Kinko Hyo, sondern auch derart prägnant mit Börsenpsychologie sowie mit Risiko- und Money-Management, dass sich die Lektüre allein schon deshalb lohnt.

208 Seiten / gebunden mit SU / ISBN: 978-3-864700-24-8 / 39,90 €

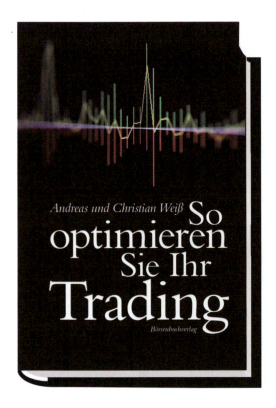

Andreas und Christian Weiß –
So optimieren Sie Ihr Trading

Wenn Sie Ihr Trading nicht optimieren, werden Sie sich immer wieder selbst im Weg stehen – und schlechte Ergebnisse einfahren. In diesem Buch werden nicht nur Tradingmöglichkeiten und Handelssysteme erläutert, es werden auch mögliche Fehler analysiert und Hinweise gegeben, wie diese zu vermeiden sind. Es zeigt sich: Langfristig profitables Trading ist möglich!

224 Seiten / gebunden / ISBN: 978-3-864700-03-3 / 34,90 €

William J. O'Neil –
Wie man mit Aktien Geld verdient

Börsen-Urgestein William O'Neil hat Tausende Charts und Bilanzen untersucht und herausgefunden, welche Aktien steigen – und warum. Seine Erkenntnisse hat er in die berühmte CAN-SLIM-Strategie verpackt. Jetzt liegt die überarbeitete und aktualisierte Auflage dieses Klassikers der Börsenliteratur auch in Deutsch vor.

608 Seiten / gebunden / ISBN: 978-3-942888-43-1 / 29,90 €

Jens Rabe und Kai Skoruppa – Optionsstrategien für die Praxis

Optionen werden traditionell sowohl als Spekulationsobjekt eingesetzt als auch zur Absicherung des eigenen Depots. Mit der richtigen Strategie können clevere Anleger damit außerdem einen stetigen Strom an Einnahmen generieren. Wie diese Strategie funktioniert und was man dabei beachten muss, erklären zwei Profis, die davon leben, in diesem Buch.

400 Seiten / gebunden mit SU / ISBN: 978-3-941493-78-0 / 34,90 €

John J. Murphy – Murphy: Visuelle Aktienanalyse

John J. Murphy ist Urgestein, Vordenker und Instanz in Sachen Technische Analyse. Sein Grundlagenwerk „The Visual Investor" liegt in einer aktualisierten Ausgabe nun endlich auch auf Deutsch vor. Damit haben Leser einen Wegweiser, der ihnen das Thema „Technische Analyse" einfach, verständlich und umfassend näherbringt.

384 Seiten / gebunden mit SU / ISBN: 978-3-941493-73-5 / 39,90 €